DR. OETKER

LANDREZEPTE

Blechkuchen

DR. OETKER

LANDREZEPTE

Blechkuchen

Dr. Oetker Verlag

Landgenuss

*Ein duftender Kuchen, frisch vom Blech, ist nicht nur verlockend,
sondern genau das Richtige, wenn hungrige Kuchenfans am Tisch sitzen.
Und wo gibt es die leckersten Blechkuchen? Auf dem Lande natürlich.
In Bauerncafes und Ausflugsgaststätten findet man die süßen Schmankerl vom Blech.
Bei diesen Leckereien darf es gern mal ein Stück mehr sein.
Jetzt gibt es die besten Blechkuchen zum Verwöhnen – leckere Obstkuchen
mit den Früchten der Saison oder verführerische Kuchen mit Schokolade, Mokka und Nuss.
Damit Sie Nachbarinnen, Freundinnen und andere Mütter überraschen können,
versuchen Sie es doch mal mit unseren neuen Kreationen,
sei es der Pfirsich-Flammkuchen, der Erdbeerkuchen mit Minzepesto,
der Schokoladen-Samt-Kuchen oder der Weintrauben-Schneckenkuchen.*

Köstliche neue Rezeptideen, bei denen die Auswahl schwer fällt.

*Alle Rezepte wurden ausprobiert und so gut beschrieben,
dass sie Ihnen sicher gelingen.*

Sommerfreuden

*Kirschen, Beeren, Mirabellen, Pfirsiche und Aprikosen:
Was gibt es Schöneres, als an einem warmen Sommertag
mit Freunden und Familie unter einem Baum zu sitzen
und leckere Obstkuchenstücke zu naschen.*

Tipps: Für den Guss nur einen Fruchtsaft, z. B. klaren Apfelsaft, und Erdbeer-Tortenguss verwenden.
Mit abgespülten und trocken getupften Minzeblättchen garnieren. Restliches Pesto dazureichen.

Erdbeerkuchen mit Minzepesto

Raffiniert – Stück für Stück ein Genuss

Etwa 12 Stücke
Für den Knetteig:
200 g Weizenmehl * 100 g Butter oder Margarine * 80 g Puderzucker * 1 Eiweiß (Größe M)
Für den Belag:
150 g Speisequark (20 % Fett) * 25 g Zucker * 1 Pck. Dr. Oetker Vanillin-Zucker *
1 Eigelb (Größe M) * 1 gestr. TL Speisestärke
Für das Minzepesto:
30 g gehackte Mandeln * 50 g flüssiger Honig * 2 EL Traubenkernöl * 1 EL Limettensaft *
2 geh. EL grob gehackte Pfefferminzeblättchen * 1 kg Erdbeeren
Für den Guss:
50 ml Limettensaft * 400 ml klarer Apfel- oder weißen Traubensaft * 50 g Zucker *
2 Pck. ungezuckerter Tortenguss, klar
Zum Verzieren:
200 g Schlagsahne * 1 Pck. Dr. Oetker Sahnesteif * 25 g Zucker *
1 Pck. Dr. Oetker Vanillin-Zucker * 250 g Speisequark (20 % Fett)

Zubereitungszeit: 45 Minuten, ohne Kühlzeit * Backzeit: 15–20 Minuten

1. Für den Teig Mehl in eine Rührschüssel geben. Übrige Zutaten hinzufügen und mit Handrührgerät mit Rührbesen zunächst kurz auf niedrigster, dann auf höchster Stufe gut durcharbeiten. Anschließend auf einer bemehlten Arbeitsfläche zu einem glatten Teig verkneten. Den Teig in Frischhaltefolie gewickelt etwa 30 Minuten in den Kühlschrank stellen.

2. Den Backofen vorheizen. Ober-/Unterhitze: etwa 180 °C, Heißluft: etwa 160 °C.

3. Den Teig halbieren. Die Teighälften jeweils auf der bemehlten Arbeitsfläche zu einem Rechteck (etwa 30 x 14 cm) ausrollen und auf ein Backblech (30 x 40 cm, mit Backpapier belegt) legen. Jeweils die Längsseiten (etwa 30 cm) der einzelnen Teigplatten etwa 1 cm hochstellen. Die Teigböden mehrmals mit einer Gabel einstechen.

4. Für den Belag Quark mit den übrigen Zutaten gut verrühren. Die Teigböden jeweils mit der Hälfte der Quarkmasse bestreichen. Die hochstehenden Teigkanten auf die Quarkmasse legen und mit einem Gabelrücken leicht andrücken. Das Backblech in den vorgeheizten Backofen schieben. Die Gebäckböden **15–20 Minuten backen**.

5. Das Backblech auf einen Kuchenrost stellen. Die Gebäckböden erkalten lassen.

6. Für das Pesto Mandeln, Honig, Traubenkernöl, Limettensaft und Minze in einen hohen Rührbecher geben und mit einem Stabmixer pürieren, sodass ein Pesto entsteht. Jeweils 2 Teelöffel des Pestos auf die Gebäckböden streichen. Erdbeeren putzen, abspülen, abtropfen lassen, entstielen und halbieren. Die bestrichenen Gebäckböden mit den Erdbeerhälften belegen.

7. Für den Guss aus den angegebenen Zutaten einen Guss nach Packungsanleitung zubereiten, auf den Erdbeerhälften verteilen. Den Erdbeerkuchen etwa 30 Minuten in den Kühlschrank stellen.

8. Zum Verzieren Sahne mit Sahnesteif, Zucker und Vanillin-Zucker steif schlagen. Quark unterrühren. Quark-Sahne-Masse in einen Spritzbeutel mit Sterntülle (Ø 7 mm) füllen. Erdbeerkuchen damit verzieren und mit etwas von dem restlichen Pesto beträufeln.

Pro Stück: E: 8 g, F: 18 g, Kh: 46 g, kJ: 1606, kcal: 383, BE: 4,0

Tipps: Unter den Streuselteig zusätzlich 1 gestrichenen Esslöffel gesiebtes Kakaopulver und 1 Esslöffel Milch geben.

Spritzgebäck-Kuchen mit Kirschen

Fruchtig

etwa 30 Stücke

Für den Streuselteig:

225 g Weizenmehl * ½ gestr. TL Dr. Oetker Backin * 75 g Zucker * 75 g Zartbitter-Raspelschokolade * 1 Ei (Größe M) * 125 g weiche Butter oder Margarine

Für den Belag:

740 g abgetropfte Sauerkirschen (aus Gläsern)

Für den Rührteig (Spritzgebäck):

150 g weiche Butter oder Margarine * 120 g Zucker * 2 Pck. Dr. Oetker Vanillin-Zucker * 2 Eier (Größe M) * 200 g abgezogene, gemahlene Mandeln * 100 g fein gemahlener Zwieback

Für den Guss:

250 ml (¼ l) Sauerkirschsaft (aus den Gläsern) * 1 Pck. ungezuckerter Tortenguss, klar * 1 TL Zucker * evtl. Puderzucker

Zubereitungszeit: 45 Minuten, ohne Abkühlzeit * Backzeit: 25–30 Minuten

1. Für den Streuselteig Mehl mit Backpulver in einer Rührschüssel mischen. Zucker, Raspelschokolade, Ei und Butter oder Margarine hinzufügen. Die Zutaten mit Handrührgerät mit Rührbesen zunächst kurz auf niedrigster, dann auf höchster Stufe zu Streuseln verarbeiten.

2. Die Streusel auf ein Backblech (30 x 40 cm, mit Backpapier belegt) geben und zu einem Boden andrücken.

3. Für den Belag von den Sauerkirschen den Saft auffangen, 250 ml (¼ l) abmessen und für den Guss beiseitestellen.

4. Den Backofen vorheizen. Ober-/Unterhitze: etwa 180 °C, Heißluft: etwa 160 °C.

5. Für den Rührteig Butter oder Margarine in einer Rührschüssel mit Handrührgerät mit Rührbesen geschmeidig rühren. Nach und nach Zucker und Vanillin-Zucker unterrühren. So lange rühren, bis eine gebundene Masse entstanden ist.

6. Eier nach und nach unterrühren (jedes Ei etwa ½ Minute). Mandeln in 2 Portionen kurz auf mittlerer Stufe unterrühren. Gemahlenen Zwieback unterheben.

7. Den Teig in einen Spritzbeutel mit Lochtülle (Ø etwa 7 mm) geben und etwa 30 kleine Quadrate (Höhe etwa 2 cm) auf den Streuselteig spritzen. Die Sauerkirschen in den einzelnen Quadraten verteilen. Das Backblech in den vorgeheizten Backofen schieben. Den Kuchen **25–30 Minuten backen**.

8. Das Backblech auf einen Kuchenrost stellen. Den Kuchen erkalten lassen.

9. Für den Guss aus dem beiseitegestellten Saft, Tortengusspulver und Zucker einen Guss nach Packungsanleitung zubereiten. Den Guss auf den Sauerkirschen verteilen. Guss fest werden lassen.

10. Den Kuchen in Stücke schneiden und nach Belieben mit Puderzucker bestäuben.

Beilage: Steif geschlagene Sahne.

Pro Stück: E: 4 g, F: 13 g, Kh: 23 g, kJ: 926, kcal: 221, BE: 2,0

„Rosa-Tränchen"-Kuchen

Rhabarberkuchen mit Himbeerbaiser

Darauf freuen sich Gäste

Etwa 16 Stücke

Für den Rührteig:

200 g weiche Butter oder Margarine * 120 g Zucker * 1 Pck. Dr. Oetker Vanillin-Zucker * 1 Ei (Größe M) * 3 Eigelb (Größe M) * 250 g Weizenmehl * 2 gestr. TL Dr. Oetker Backin

Für den Belag:

900 g vorbereiteter Himbeer-Rhabarber (rotfleischiger, milder Rhabarber)

Für das Baiser:

125 g Himbeeren * 15 g Speisestärke * 1 TL Zucker * 3 Eiweiß (Größe M) * 1 Prise Salz * 150 g Zucker

Zubereitungszeit: 45 Minuten * Backzeit: 35–40 Minuten

1. Für den Teig Butter oder Margarine in einer Rührschüssel mit Handrührgerät mit Rührbesen auf höchster Stufe geschmeidig rühren. Nach und nach Zucker und Vanillin-Zucker unterrühren. So lange rühren, bis eine gebundene Masse entstanden ist.

2. Ei und Eigelb nach und nach unterrühren (jedes Ei/Eigelb etwa ½ Minute). Mehl und Backpulver mischen, in 2 Portionen kurz auf mittlerer Stufe unterrühren.

3. Einen Backrahmen auf ein Backblech (30 x 40 cm, gefettet) stellen. Den Teig auf das Backblech geben und glatt streichen.

4. Den Backofen vorheizen. Ober-/Unterhitze: etwa 180 °C, Heißluft: etwa 160 °C.

5. Für den Belag Rhabarber putzen, abspülen und gut trocken tupfen. Stielenden und Blattansätze entfernen. Die Stangen in etwa 2 ½ cm lange Stücke schneiden (evtl. dicke Stangen der Länge nach halbieren). Rhabarberstücke auf dem Teig verteilen. Das Backblech in den vorgeheizten Backofen schieben. Den Kuchen **etwa 25 Minuten backen**.

6. Für das Baiser Himbeeren verlesen, kurz abspülen, auf Küchenpapier gut abtropfen lassen und in einen tiefen Teller geben. Himbeeren mit einer Gabel zerdrücken. Speisestärke mit Zucker mischen und unter das Himbeermus rühren.

7. Eiweiß und Salz mit Handrührgerät mit Rührbesen auf höchster Stufe steif schlagen. Der Schnee muss so fest sein, dass ein Messerschnitt sichtbar bleibt. Nach und nach Zucker unterschlagen. So lange schlagen, bis der Eischnee stark glänzt. Himbeermus unter die Baisermasse heben, auf dem vorgebackenen Kuchen geben und glatt streichen. Das Backblech wieder in den heißen Backofen schieben. Den Kuchen **bei gleicher Backofentemperatur in 10–15 Minuten fertig backen**.

8. Das Backblech auf einen Kuchenrost stellen. Den Rhabarberkuchen erkalten lassen. Die „Rosa Tränchen" bilden sich, wenn der Kuchen richtig abgekühlt ist.

Pro Stück: E: 4 g, F: 13 g, Kh: 31 g, kJ: 1077, kcal: 257, BE: 2,5

Quark-Kirsch-Kuchen

Das mögen Kinder

Etwa 20 Stücke

Für den All-in-Teig:

125 g Butter oder Margarine * 250 g Weizenmehl * 2 gestr. TL Dr. Oetker Backin * 150 g Zucker * 1 Prise Salz * 1 Pck. Dr. Oetker Vanillin-Zucker * 3 Eier (Größe M) * 4 EL Milch

Für den Belag:

740 g abgetropfte Sauerkirschen (aus Gläsern) * 1 kg Magerquark * 225 g Zucker * 1 Pck. Dr. Oetker Finesse Geriebene Zitronenschale * 1 Pck. Dr. Oetker Pudding-Pulver Vanille-Geschmack * 250 g Crème fraîche * 4 Eier (Größe M)

Für den Guss:

1 Pck. ungezuckerter Tortenguss, klar * 2 gestr. EL Zucker * 250 ml (1/4 l) Sauerkirschsaft (aus den Gläsern)

Zubereitungszeit: 40 Minuten, ohne Abkühlzeit * Backzeit: etwa 55 Minuten

1. Für den Teig Butter oder Margarine zerlassen und abkühlen lassen.

2. Den Backofen vorheizen. Ober-/Unterhitze: etwa 180 °C, Heißluft: etwa 160 °C.

3. Das Mehl mit Backpulver in einer Rührschüssel mischen. Zucker, Salz, Vanillin-Zucker, Eier, Milch und zerlassene Butter oder Margarine hinzufügen. Die Zutaten mit Handrührgerät mit Rührbesen zunächst kurz auf niedrigster, dann auf höchster Stufe in etwa 2 Minuten zu einem glatten Teig verarbeiten.

4. Den Teig auf ein Backblech (30 x 40 cm, gefettet) geben und glatt streichen. Das Backblech in den vorgeheizten Backofen schieben. Den Gebäckboden **etwa 15 Minuten vorbacken**.

5. In der Zwischenzeit für den Belag von den Sauerkirschen den Saft auffangen, 250 ml (1/4 l) abmessen und für den Guss beiseitestellen. Quark, Zucker, Zitronenschale, Pudding-Pulver, Crème fraîche und Eier in eine Rührschüssel geben und zu einer geschmeidigen Masse verrühren.

6. Das Backblech auf einen Kuchenrost stellen. Den Boden etwas abkühlen lassen. Einen Backrahmen darumstellen.

7. Die Sauerkirschen gleichmäßig auf dem vorgebackenen Boden verteilen. Die Quarkmasse esslöffelweise daraufgeben und glatt streichen. Das Backblech wieder in den vorgeheizten Backofen schieben. Den Kuchen **bei gleicher Backofentemperatur in etwa 40 Minuten fertig backen**.

8. Das Backblech auf einen Kuchenrost stellen. Den Kuchen erkalten lassen.

9. Für den Guss aus Tortengusspulver, Zucker und Kirschsaft einen Guss nach Packungsanleitung (aber mit den hier angegebenen Zutaten) zubereiten. Den Guss leicht abkühlen lassen, dann mit einem Löffel streifenartig auf den Kuchen träufeln. Guss fest werden lassen. Den Backrahmen vorsichtig lösen und entfernen.

Pro Stück: E: 11 g, F: 12 g, Kh: 42 g, kJ: 1347, kcal: 323, BE: 3,5

Erdbeer-Milchreis-Schnitten

Schmeckt auch Kindern

Etwa 20 Stücke

Für den Knetteig:

200 g Weizenmehl * 100 g abgezogene, gemahlene Mandeln * 75 g Zucker * 1 Pck. Dr. Oetker Vanillin-Zucker * 150 g Butter oder Margarine

Für den Belag:

3 Blatt weiße Gelatine * 2 Pck. Milchreis nach klassischer Art (Süße Mahlzeit) * 800 ml Milch * 750 g Erdbeeren * 2 Pck. ungezuckerter Tortenguss, rot * 4 EL Zucker * 500 ml (½ l) Apfelsaft oder Wasser * 400 g Schlagsahne * 1 Pck. Dr. Oetker Vanillin-Zucker * 1 TL Zucker * 2 Pck. Dr. Oetker Sahnesteif 250 g Erdbeeren * 20 g Puderzucker * evtl. Zitronenmelisse

Zubereitungszeit: 50 Minuten, ohne Kühlzeit * Backzeit: etwa 15 Minuten

1. Für den Teig Mehl, Mandeln, Zucker, Vanillin-Zucker und Butter oder Margarine in eine Rührschüssel geben. Die Zutaten mit Handrührgerät mit Knethaken zunächst kurz auf niedrigster, dann auf höchster Stufe gut durcharbeiten.

2. Anschließend auf einer bemehlten Arbeitsfläche zu einem glatten Teig verkneten. Den Teig in Frischhaltefolie gewickelt etwa 30 Minuten in den Kühlschrank legen.

3. In der Zwischenzeit den Backofen vorheizen. Ober-/Unterhitze: etwa 200 °C, Heißluft: etwa 180 °C.

4. Den Teig auf einem Backblech (30 x 40 cm, gefettet, mit Backpapier belegt) ausrollen und mehrmals mit einer Gabel einstechen. Das Backblech in den vorgeheizten Backofen schieben. Den Knetteigboden **etwa 15 Minuten backen**.

5. Das Backblech auf einen Kuchenrost stellen. Den Knetteigboden erkalten lassen.

6. Für den Belag Gelatine nach Packungsanleitung einweichen. Milchreis nach Packungsanleitung, aber nur mit 800 ml Milch zubereiten. Die Gelatine leicht ausdrücken und unter Rühren in dem heißen Milchreis auflösen. Reismasse erkalten lassen.

7. Erdbeeren putzen, abspülen, gut abtropfen lassen, entstielen, halbieren und mit der Schnittseite nach unten auf dem Knetteigboden verteilen. Aus Tortengusspulver, Zucker und Apfelsaft oder Wasser einen Guss nach Packungsanleitung zubereiten. Den Guss auf den Erdbeerhälften verteilen und erkalten lassen.

8. Sahne mit Vanillin-Zucker, Zucker und Sahnesteif steif schlagen und unter die Reismasse heben. Sahne-Milchreis auf die Erdbeerhälften geben und glatt streichen. Den Kuchen etwa 2 Stunden in den Kühlschrank stellen.

9. Erdbeeren putzen, abspülen, gut abtropfen lassen und entstielen. Etwa 100 g der Erdbeeren mit Puderzucker pürieren und in einen kleinen Gefrierbeutel füllen. Eine kleine Ecke abschneiden. Erdbeerpüree auf den Milchreis-Belag sprenkeln.

10. Restliche Erdbeeren halbieren, auf dem Sahne-Milchreis verteilen. Den Kuchen in Stücke schneiden und nach Belieben mit abgespülter und trocken getupfter Zitronenmelisse garnieren.

Pro Stück: E: 5 g, F: 16 g, Kh: 36 g, kJ: 1354, kcal: 323, BE: 3,0

Tipp: Statt Zitronenmelisse und -thymian 2 Esslöffel frisch gehackte Rosmarinnadeln verwenden.

Pfirsich-Flammkuchen

Raffiniert – frisch auf den Tisch

Etwa 12 Stücke

Für den Hefeteig:

200 g Weizenmehl (Type 550) * ½ Pck. (21 g) frische Hefe * 1 Prise Zucker * 100 ml lauwarmes Wasser * 1 Prise Salz * 2 EL flüssiger Honig * 3 EL Olivenöl * etwas Weizenmehl

Zum Bestreuen:

40 g Zucker * 2 EL fein geschnittene Zitronenmelisseblättchen * 1 TL fein gehackte Zitronenthymianblättchen

40 g zerlassene Butter * 250 g Mascarpone (ital. Frischkäse) * 20 g Zucker * 1 Pck. Dr. Oetker Bourbon-Vanille-Zucker

Für den Belag:

600 g Pfirsiche (etwa 5 Stück)

Zubereitungszeit: 35 Minuten, ohne Teiggehzeit * Backzeit: etwa 15 Minuten

1. Für den Teig Mehl in eine Rührschüssel geben. In die Mitte eine Vertiefung drücken und die Hefe hineinbröckeln. Zucker und etwas Wasser hinzufügen. Mit einem kleinen Teil des Mehls mit einer Gabel vorsichtig verrühren und etwa 10 Minuten gehen lassen.

2. Salz, Honig, restliches Wasser und Olivenöl hinzufügen. Die Zutaten mit Handrührgerät mit Knethaken zunächst kurz auf niedrigster, dann auf höchster Stufe in etwa 5 Minuten zu einem glatten Teig verarbeiten. Den Teig mit Mehl bestäuben und zugedeckt so lange an einem warmen Ort gehen lassen, bis er sich sichtbar vergrößert hat (etwa 30 Minuten).

3. Inzwischen zum Bestreuen Zucker mit Zitronenmelisse und -thymian in einer kleinen Schüssel gut verrühren und etwa 30 Minuten ziehen lassen.

4. Für den Belag Pfirsiche heiß abspülen, abtrocknen, halbieren und entsteinen. Pfirsichhälften in schmale Spalten schneiden.

5. Den Backofen vorheizen. Ober-/Unterhitze: etwa 200 °C, Heißluft: etwa 180 °C.

6. Den gegangenen Teig leicht mit Mehl bestäuben, aus der Schüssel nehmen und auf einer bemehlten Arbeitsfläche nochmals gut durchkneten. Den Teig halbieren. Die Teighälften jeweils zu 2 ovalen Platten (je etwa 30 x 15 cm) ausrollen. Die Teigränder etwas hochdrücken, sodass eine kleine Kante entsteht. Die Teigböden mehrmals mit einer Gabel einstechen. Die Teigplatten auf ein Backblech (30 x 40 cm, mit Backpapier belegt) legen und mit einem Teil der zerlassenen Butter bestreichen.

7. Mascarpone mit Zucker und Vanille-Zucker verrühren und auf den Teigplatten verteilen, dabei am Rand (Teigkante) jeweils etwa 1 cm frei lassen. Die Pfirsichspalten auf die Creme legen, mit dem Zitronen-Thymian-Zucker, bis auf 1 Esslöffel, bestreuen und mit der restlichen Butter beträufeln.

8. Das Backblech in den vorgeheizten Backofen schieben. Die Flammkuchen **etwa 15 Minuten backen**. Die Pfirsich-Flammkuchen sofort mit dem restlichen Zitronen-Thymian-Zucker bestreuen und auf einem Kuchenrost erkalten lassen. Den Pfirsich-Flammkuchen in Stücke schneiden und nach Belieben lauwarm servieren.

Pro Stück: E: 4 g, F: 14 g, Kh: 27 g, kJ: 1067, kcal: 255, BE: 2,5

Aprikosen-Cashew-Schnitten

Mit Alkohol

Etwa 24 Stücke
Zum Vorbereiten:
480 g abgetropfte Aprikosenhälften (aus der Dose) * 100 g Cashewkerne
Für den Rührteig:
250 g weiche Butter oder Margarine * 175 g Zucker * 1 Pck. Dr. Oetker Vanillin-Zucker * 1 Prise Salz * 5 Eier (Größe M) * 350 g Weizenmehl * 2 gestr. TL Dr. Oetker Backin
Zum Beträufeln:
100 ml Aprikosenlikör, z. B. Apricot-Brandy
Für die Creme:
1 Pck. Mousse à la Vanille (Dessertpulver) * 200 g Schlagsahne * 50 ml Aprikosenlikör, z. B. Apricot-Brandy

Zubereitungszeit: 30 Minuten, ohne Kühlzeit * Backzeit: etwa 30 Minuten

1. Zum Vorbereiten Aprikosenhälften in kleine Würfel schneiden. Von den Cashewkernen 24 ganze Kerne abnehmen und beiseitelegen. Restliche Cashewkerne klein hacken.

2. Den Backofen vorheizen. Ober-/Unterhitze: etwa 180 °C, Heißluft: etwa 160 °C.

3. Für den Teig Butter oder Margarine in einer Rührschüssel mit Handrührgerät mit Rührbesen auf höchster Stufe geschmeidig rühren. Nach und nach Zucker, Vanillin-Zucker und Salz unterrühren. So lange rühren, bis eine gebundene Masse entstanden ist. Eier nach und nach unterrühren (jedes Ei etwa ½ Minute).

4. Mehl mit Backpulver mischen, in 2 Portionen kurz auf mittlerer Stufe unterrühren. Den Teig auf ein Backblech (30 x 40 cm, gefettet) geben und glatt streichen. Aprikosenwürfel darauf verteilen und mit den Cashewkernstückchen bestreuen. Das Backblech in den vorgeheizten Backofen schieben. Den Kuchen **etwa 30 Minuten backen**.

5. Das Backblech auf einen Kuchenrost stellen. Den heißen Kuchen sofort mit Likör beträufeln und erkalten lassen. Den Kuchen in 24 gleich große Stücke einteilen.

6. Für die Creme Mousse mit 200 g Sahne und 50 ml Likör nach Packungsanleitung zubereiten. Die Creme in einen Spritzbeutel mit Lochtülle (Ø 12 mm) geben. Auf jedes Kuchenstück eine Cremekuppel spritzen und je einen Cashewkern auf die Creme legen. Den Kuchen mindestens 30 Minuten in den Kühlschrank stellen.

Tipp: Für Kinder können Sie die Schnitten statt mit Likör auch mit Aprikosensaft aus der Dose beträufeln und die Creme ebenfalls mit Saft zubereiten.

••

Pro Stück: E: 4 g, F: 15 g, Kh: 27 g, kJ: 1137, kcal: 272, BE: 2,0

Tipps: Die Mandeln in einer Pfanne ohne Fett unter Rühren leicht rösten, herausnehmen und auf einem Teller erkalten lassen. Zum Verzieren statt Haselnuss-Schokolade 100 g Zartbitter-Schokolade mit 50 g gehackten Mandeln schmelzen.

Mandel-Mirabellen-Kuchen

Zum Nachmittags-Kaffee – süßer Genuss

Etwa 20 Stücke

Für den Belag:

770 g abgetropfte Mirabellen (aus Gläsern)

Für den Rührteig:

150 g weiche Butter oder Margarine * 125 g Zucker * 1 Pck. Dr. Oetker Vanillin-Zucker * ½ Röhrchen Rum-Aroma * 8 Eigelb (Größe M) * 400 g gem. Mandeln * 100 g gehackte Mandeln * 1 gestr. TL Dr. Oetker Backin * 8 Eiweiß (Größe M) * 1 Prise Salz * 25 g Zucker

Für den Guss:

1 Pck. ungezuckerter Tortenguss, klar * 250 ml (¼ l) Mirabellensaft (von den Mirabellen) * 1 TL Zucker

Zum Verzieren:

100 g Haselnuss-Schokolade * 1 TL Speiseöl

Zubereitungszeit: 35 Minuten, ohne Abkühlzeit * Backzeit: etwa 35 Minuten

1. Für den Belag von den Mirabellen den Saft auffangen. Die Mirabellen vorsichtig entsteinen und nochmals abtropfen lassen. Von dem Saft 250 ml (¼ l) für den Guss abmessen und beiseitestellen.

2. Den Backofen vorheizen. Ober-/Unterhitze: etwa 180 °C, Heißluft: etwa 160 °C.

3. Für den Teig Butter oder Margarine in einer Rührschüssel mit Handrührgerät mit Rührbesen geschmeidig rühren. Nach und nach Zucker, Vanillin-Zucker und Rum-Aroma unterrühren. So lange rühren, bis eine gebundene Masse entstanden ist.

4. Eigelb nach und nach unterrühren (jedes Eigelb knapp ½ Minute). Mandeln mit Backpulver mischen und kurz auf mittlerer Stufe unterrühren. Eiweiß mit Salz und Zucker steif schlagen und vorsichtig unter den Mandelteig heben.

5. Einen Backrahmen auf ein Backblech (30 x 40 cm, mit Backpapier belegt) stellen. Den Teig auf das Backblech geben und glatt streichen. Die Mirabellen in kleinen Gruppen darauf verteilen. Das Backblech in den vorgeheizten Backofen schieben. Den Kuchen **etwa 35 Minuten backen**.

6. Das Backblech auf einen Kuchenrost stellen. Den Kuchen erkalten lassen.

7. Für den Guss aus Tortengusspulver, beiseitegestelltem Mirabellensaft und Zucker einen Guss nach Packungsanleitung zubereiten. Den Guss auf den Mirabellen verteilen. Guss fest werden lassen.

8. Zum Verzieren Schokolade in Stücke brechen, mit Speiseöl in einem kleinen Topf im heißen Wasserbad bei schwacher Hitze unter Rühren schmelzen. Schokolade in Form von Punkten oder Streifen auf die Kuchenoberfläche geben. Schokolade fest werden lassen.

9. Den Backrahmen lösen und entfernen. Den Kuchen in Stücke schneiden.

Pro Stück: E: 10 g, F: 24 g, Kh: 22 g, kJ: 1434, kcal: 342, BE: 2,0

Blondies mit Johannisbeeren

Für jeden Tag – Geht schnell

Etwa 20 Stücke
Zum Vorbereiten:
250 g rote Johannisbeeren * 50 g weiße Schokolade
Für den All-in-Teig:
200 g Butter * 200 g weiße Schokolade * 300 g Weizenmehl * 3 gestr. TL Dr. Oetker Backin * 150 g Zucker * 3 Eier (Größe M) * 150 g saure Sahne

Zubereitungszeit: 25 Minuten, ohne Abkühlzeit * Backzeit: etwa 20 Minuten

1. Zum Vorbereiten Johannisbeeren verlesen, abspülen, abtropfen lassen und entstielen. Schokolade in kleine Stücke hacken.

2. Den Backofen vorheizen. Ober-/Unterhitze: etwa 200 °C, Heißluft: etwa 180 °C.

3. Für den Teig Butter in einem kleinen Topf bei schwacher Hitze zerlassen. Den Topf von der Kochstelle nehmen. Weiße Schokolade in Stücke brechen und unter Rühren in der Butter schmelzen, abkühlen lassen.

4. Mehl mit Backpulver in einer Rührschüssel mischen. Zucker, Eier und saure Sahne hinzufügen. Die Butter-Schoko-Masse glatt rühren und hinzugeben. Die Zutaten mit Handrührgerät mit Rührbesen zunächst kurz auf niedrigster, dann auf höchster Stufe in etwa 2 Minuten zu einem glatten Teig verarbeiten.

5. Den Teig auf ein Backblech (30 x 40 cm, gefettet) geben und glatt streichen. Johannisbeeren darauf verteilen. Das Backblech in den vorgeheizten Backofen schieben. Den Kuchen **etwa 20 Minuten backen**.

6. Das Backblech auf einen Kuchenrost stellen. Die gehackte Schokolade auf den heißen Kuchen streuen. Den Kuchen erkalten lassen und in Stücke schneiden.

Pro Stück: E: 4 g, F: 14 g, Kh: 27 g, kJ: 1064, kcal: 254, BE: 2,5

Tipp: Die Beerenfrüchte kurz vor dem Servieren mit Puderzucker bestäuben. Oder die Beerenfrüchte mit 2 Esslöffeln Johannisbeergelee (Gelee vorher kurz aufkochen lassen) überziehen.

Beerenmix auf Reiskuchen

Stück für Stück ein Genuss – raffiniert

Etwa 20 Stücke
Für den Hefeteig:
300 g Weizenmehl * ½ Pck. (21 g) frische Hefe * 50 g Zucker * 150 ml lauwarme Milch *
1 Prise Salz * 100 g zerlassene, abgekühlte Butter oder Margarine
etwas Weizenmehl
Für den Belag:
250 g Schlagsahne * 200 ml Milch (3,5 % Fett) * 1 Pck. Milchreis nach klassischer Art (Süße Mahlzeit) *
je 250 g Himbeeren und Blaubeeren
Zum Beträufeln und Bestreuen:
50 g zerlassene Butter * 25 g gehobelte Mandeln * 40 g Zimt-Zucker

Zubereitungszeit: 40 Minuten, ohne Teiggehzeit * Backzeit: etwa 35 Minuten

1. Für den Teig Mehl in eine Rührschüssel geben. In die Mitte eine Vertiefung drücken und die Hefe hineinbröckeln. Zucker und etwas Milch hinzufügen. Mit einem kleinen Teil des Mehls mit einer Gabel vorsichtig verrühren und etwa 10 Minuten gehen lassen.

2. Salz, Butter oder Margarine und restliche Milch hinzufügen. Die Zutaten mit Handrührgerät mit Knethaken zunächst kurz auf niedrigster, dann auf höchster Stufe in etwa 5 Minuten zu einem glatten Teig verarbeiten. Den Teig mit Mehl bestäuben und zugedeckt so lange an einem warmen Ort gehen lassen, bis er sich sichtbar vergrößert hat (etwa 30 Minuten).

3. In der Zwischenzeit für den Belag den Milchreis, aber mit 250 g Schlagsahne und 200 ml Milch, nach Packungsanleitung zubereiten. Den Reis unter Rühren erkalten lassen.

4. Die Himbeeren und Blaubeeren verlesen, kurz abspülen und auf Küchenpapier gut abtropfen lassen.

5. Den gegangenen Teig leicht mit Mehl bestäuben, aus der Schüssel nehmen, auf einer bemehlten Arbeitsfläche nochmals gut durchkneten und auf einem Backblech (30 x 40 cm, gefettet, mit Backpapier belegt) ausrollen. Den Milchreis darauf verteilen, glatt streichen und mit einem Esslöffelrücken etwa 20 Vertiefungen eindrücken. Die Beerenfrüchte in die Vertiefungen geben.

6. Zum Beträufeln und Bestreuen die Zwischenräume mit der zerlassenen Butter beträufeln, zuerst mit den Mandeln, dann mit Zimt-Zucker bestreuen.

7. Den belegten Teig nochmals so lange an einem warmen Ort gehen lassen, bis er sich sichtbar vergrößert hat (etwa 15 Minuten).

8. In der Zwischenzeit den Backofen vorheizen. Ober-/Unterhitze: etwa 180 °C, Heißluft: etwa 160 °C

9. Das Backblech in den vorgeheizten Backofen schieben. Den Kuchen **etwa 35 Minuten backen**.

10. Das Backblech auf einen Kuchenrost stellen. Den Beeren-Reis-Kuchen erkalten lassen.

Pro Stück: E: 4 g, F: 12 g, Kh: 24 g, kJ: 921, kcal: 220, BE: 2,0

Tipp: Statt der Lavendelblüten können Sie auch ein Blüten-Potpourri aus z. B. Ringel-, Korn-, Rosen-, Lavendelblüten auf den Kuchen streuen. Blüten-Potpourri erhalten Sie in gut sortierten Lebensmittel- und Bioläden.

Aprikosen-Pfirsich-Mohnkuchen
mit Lavendel

Für einen besonderen Anlass – sehr fruchtig

Etwa 20 Stücke

Für den Rührteig:
170 g weiche Butter oder Margarine * 125 g Puderzucker * 1 Pck. Dr. Oetker Bourbon-Vanille-Zucker * 1 Msp. gem. Zimt * 4 Eier (Größe M) * 125 g Weizenmehl * 2 gestr. TL Dr. Oetker Backin * 200 g gem. Mohn * 250 g grob geraspelte Birnen (von etwa 2 Birnen) * Saft von ½ Zitrone

Für den Belag:
je 480 g abgetropfte Aprikosen- und Pfirsichhälften (aus Dosen)

Für den Guss:
2 Pck. ungezuckerter Tortenguss, klar * 500 ml (½ l) und 4 EL Fruchtsaft (aus den Dosen)

Zum Bestreuen:
etwa 2 TL getrocknete Lavendelblüten

Zubereitungszeit: 45 Minuten * Backzeit: etwa 25 Minuten

1. Den Backofen vorheizen. Ober-/Unterhitze: etwa 180 °C, Heißluft: etwa 160 °C.

2. Für den Teig Butter oder Margarine in einer Rührschüssel mit Handrührgerät mit Rührbesen auf höchster Stufe geschmeidig rühren. Nach und nach Puderzucker, Vanille-Zucker und Zimt unterrühren. So lange rühren, bis eine gebundene Masse entstanden ist.

3. Eier nach und nach unterrühren (jedes Ei etwa ½ Minute). Mehl mit Backpulver und Mohn mischen, in 2 Portionen kurz auf mittlerer Stufe unterrühren.

4. Birnen schälen, halbieren, entkernen und auf einer Haushaltreibe grob raspeln. Birnenraspel mit Zitronensaft beträufeln und unter den Teig heben.

5. Einen Backrahmen auf ein Backblech (30 x 40 cm, gefettet) stellen. Den Teig auf dem Backblech verteilen und glatt streichen. Das Backblech in den vorgeheizten Backofen schieben. Den Gebäckboden **etwa 25 Minuten backen**.

6. Das Backblech auf einen Kuchenrost stellen. Den Gebäckboden erkalten lassen.

7. Für den Belag von den Aprikosen- und Pfirsichhälften den Saft auffangen und insgesamt 500 ml (½ l) und zusätzlich 4 Esslöffel Saft abmessen. Die Aprikosen- und Pfirsichhälften fächerartig einschneiden, etwas auseinanderziehen und auf den Gebäckboden legen.

8. Für den Guss aus Tortengusspulver und dem abgemessenen Saft (aber ohne Zucker) einen Guss nach Packungsanleitung zubereiten. Den Guss auf den Früchten verteilen. Guss fest werden lassen.

9. Anschließend den Kuchen mit Lavendelblüten bestreuen. Den Backrahmen lösen und entfernen. Den Aprikosen-Pfirsich-Mohnkuchen in Stücke schneiden.

Pro Stück: E: 5 g, F: 13 g, Kh: 24 g, kJ: 981, kcal: 235, BE: 2,0

Stachelbeerkuchen
mit Kokos-Bienenstich

Für die Kaffeerunde – Stück für Stück ein Genuss

Etwa 20 Stücke
Für den Belag:
125 g Butter * 80 g flüssiger Honig * 65 ml Kokosmilch * 200 g Kokosraspel * 2 Eier (Größe M)
Für den Quark-Öl-Teig:
300 g Weizenmehl * 3 gestr. TL Dr. Oetker Backin * 80 g Zucker * 150 g Magerquark * 100 ml Kokosmilch * 100 ml Speiseöl

720 g abgetropfte Stachelbeeren (aus Gläsern)

Zubereitungszeit: 35 Minuten, ohne Abkühlzeit * Backzeit: etwa 40 Minuten

1. Für den Belag Butter, Honig und Kokosmilch in einem Topf bei mittlerer Hitze schmelzen und aufkochen lassen. Kokosraspel unterrühren. Die Kokosmasse erkalten lassen und die Eier unterrühren.

2. Den Backofen vorheizen. Ober-/Unterhitze: etwa 180 °C, Heißluft: etwa 160 °C.

3. Für den Teig Mehl mit Backpulver mischen und in eine Rührschüssel geben. Zucker, Quark, Kokosmilch und Speiseöl hinzufügen.

4. Die Zutaten mit Handrührgerät mit Rührbesen zunächst auf niedrigster, dann auf höchster Stufe in etwa 1 Minute zu einem glatten Teig verarbeiten (nicht zu lange, Teig klebt sonst).

5. Den Teig auf einem Backblech (30 x 40 cm, gefettet, mit Backpapier belegt) ausrollen. Einen Backrahmen darumstellen. Die Stachelbeeren auf dem Teig verteilen. Die Kokosmasse daraufgeben und vorsichtig auf den Stachelbeeren verstreichen.

6. Das Backblech in den vorgeheizten Backofen schieben. Den Kuchen **etwa 40 Minuten backen**.

7. Das Backblech auf einen Kuchenrost stellen. Den Kuchen erkalten lassen. Den Backrahmen lösen und entfernen. Den Stachelbeerkuchen in Stücke schneiden.

Tipp: Die Kuchenoberfläche nach Belieben mit Puderzucker bestäuben.

Pro Stück: E: 4 g, F: 19 g, Kh: 25 g, kJ: 1208, kcal: 289, BE: 2,0

Brombeer-Schnitten

Zum Nachmittagskaffee

Etwa 20 Stücke
Für den Belag:
750 g frische oder TK-Brombeeren
Für die Streusel:
300 g Weizenmehl * 1 gestr. TL Dr. Oetker Backin * 100 g Zucker * 1 Pck. Dr. Oetker Vanillin-Zucker * 175 g weiche Butter oder Margarine
Für den Guss:
4 Eigelb (Größe M) * 150 g Zucker * 1 Pck. Dr. Oetker Bourbon-Vanille-Zucker * 1 Pck. Dr. Oetker Finesse Orangenschalen-Aroma * 150 g Crème fraîche * 100 g abgezogene, gemahlene Mandeln * 4 Eiweiß (Größe M) * 50 g Zucker
etwas Puderzucker
etwas Zitronenmelisse

Zubereitungszeit: 35 Minuten, ohne Abkühlzeit * Backzeit: etwa 30 Minuten

1. Für den Belag die TK-Brombeeren etwas antauen lassen. Frische Brombeeren abspülen und gut abtropfen lassen und evtl. entstielen.

2. Den Backofen vorheizen. Ober-/Unterhitze: etwa 180 °C, Heißluft: etwa 160 °C.

3. Für die Streusel Mehl mit Backpulver in einer Rührschüssel mischen. Zucker, Vanillin-Zucker und Butter oder Margarine hinzufügen.

4. Die Zutaten mit Handrührgerät mit Rührbesen zunächst kurz auf niedrigster, dann auf höchster Stufe zu Streuseln verarbeiten. Die Teigstreusel auf einem Backblech (30 x 40 cm, gefettet, mit Backpapier belegt) verteilen und leicht andrücken. Einen Backrahmen darumstellen.

5. Frische oder angetaute Brombeeren auf dem Teig verteilen.

6. Für den Guss Eigelb mit Zucker, Vanille-Zucker und Orangenschalen-Aroma schaumig rühren. Crème fraîche und Mandeln gut unterrühren. Eiweiß mit Zucker steif schlagen und unter die Eigelbcreme heben. Den Guss auf die Brombeeren geben und glatt streichen. Das Backblech in den vorgeheizten Backofen schieben. Den Kuchen **etwa 30 Minuten backen.**

7. Das Backblech auf einen Kuchenrost stellen. Den Kuchen erkalten lassen.

8. Den Backrahmen lösen und entfernen.

9. Den Kuchen mit Puderzucker bestäuben, in Stücke schneiden und mit abgespülter, trocken getupfter Zitronenmelisse garnieren.

Pro Stück: E: 5 g, F: 14 g, Kh: 29 g, kJ: 1108, kcal: 265, BE: 2,5

Stachelbeerkuchen mit Saure-Sahne-Guss

Sehr saftig – frisch auf den Tisch

Etwa 20 Stücke

Für den Hefeteig:

200 ml Milch (1,5 % Fett) * 20 g Butter * 100 g Vollkorn-Weizenmehl * 200 g Weizenmehl (Type 550) * 1 Pck. Dr. Oetker Trockenbackhefe * 20 g Zucker * 1 Prise Salz

Für den Guss:

2 Eier (Größe M) * 50 g brauner Zucker * 300 g saure Sahne (stichfest, 10 % Fett)

780 g abgetropfte Stachelbeeren (aus Gläsern) * 10 g gemahlene Pistazienkerne

Zubereitungszeit: 30 Minuten, ohne Teiggeh- und Abkühlzeit * Backzeit: etwa 30 Minuten

1. Für den Teig die Milch in einem kleinen Topf leicht erwärmen, Butter darin zerlassen.

2. Beide Mehlsorten in eine Rührschüssel geben und mit der Trockenbackhefe sorgfältig vermischen. Zucker, Salz und die warme Milch-Butter-Mischung hinzufügen.

3. Die Zutaten mit Handrührgerät mit Knethaken zunächst kurz auf niedrigster, dann auf höchster Stufe in etwa 5 Minuten zu einem glatten Teig verarbeiten. Den Teig zugedeckt so lange an einem warmen Ort gehen lassen, bis er sich sichtbar vergrößert hat (etwa 30 Minuten).

4. Den gegangenen Teig leicht mit Mehl bestäuben, aus der Schüssel nehmen und auf einer leicht bemehlten Arbeitsfläche zu einem Rechteck (etwa 30 x 40 cm) ausrollen. Die Teigplatte in ein tiefes Backblech (30 x 40 cm, gefettet) legen und nochmals zugedeckt so lange an einem warmen Ort gehen lassen, bis sie sich sichtbar vergrößert hat (etwa 30 Minuten).

5. Den Backofen vorheizen. Ober-/Unterhitze: etwa 180 °C, Heißluft: etwa 160 °C.

6. Für den Guss Eier und Zucker in einer kleinen Rührschüssel mit Handrührgerät mit Rührbesen zu einer schaumigen Masse aufschlagen. Saure Sahne kurz auf niedrigster Stufe unterrühren.

7. Die Stachelbeeren auf der Teigplatte verteilen. Den Saure-Sahne-Guss daraufgeben. Das Backblech in den vorgeheizten Backofen schieben. Den Kuchen **etwa 30 Minuten backen**.

8. Das Backblech auf einen Kuchenrost stellen. Den Kuchen mit Pistazienkernen bestreuen und erkalten lassen.

Tipps: Damit der Kuchen schön glänzt, 100 g erhitztes Apfel- oder Quittengelee mit einem Backpinsel auf den Kuchen streichen und dann mit den Pistazienkernen bestreuen.
Wenn Sie keine gemahlenen Pistazienkerne bekommen, verwenden Sie gemahlene Mandeln und rösten Sie diese kurz in einer Pfanne ohne Fett goldbraun. Dann schmecken sie aromatischer.

Pro Stück: E: 4 g, F: 5 g, Kh: 22 g, kJ: 638, kcal: 152, BE: 2,0

Himbeer-Browniekuchen

Das mögen große und kleine Kinder

Etwa 20 Stücke
Zum Vorbereiten:
300 g Zartbitter-Kuvertüre * 200 g Butter * 100 g weiße Schokolade * 400 g Himbeeren
Für den Biskuitteig:
6 Eier (Größe M) * 200 g brauner Rohrzucker * 1 Pck. Dr. Oetker Bourbon-Vanille-Zucker * 200 g Weizenmehl * 1 gestr. TL Dr. Oetker Backin
Für den Guss:
150 g Zartbitter-Schokolade (mindestens 50 % Kakaoanteil) * 50 g Schlagsahne
Für den Belag:
150–200 g Himbeeren

Zubereitungszeit: 40 Minuten, ohne Abkühlzeit * Backzeit: etwa 35 Minuten

1. Zum Vorbereiten Kuvertüre in Stücke hacken, mit der Butter in einer Schüssel im heißen Wasserbad bei schwacher Hitze unter Rühren schmelzen, erkalten lassen. Weiße Schokolade in etwa ½ cm große Würfel schneiden.

2. Himbeeren verlesen, kurz abspülen, trocken tupfen und ggf. entstielen.

3. Den Backofen vorheizen. Ober-/Unterhitze: etwa 180 °C, Heißluft: etwa 160 °C.

4. Für den Teig Eier in einer Rührschüssel mit Handrührgerät mit Rührbesen auf höchster Stufe in 1 Minute schaumig schlagen. Zucker mit Vanille-Zucker mischen, in 1 Minute unter Rühren einstreuen, dann noch etwa 2 Minuten schlagen.

5. Mehl mit Backpulver mischen, kurz auf niedrigster Stufe unterrühren. Kuvertüremasse, Schokoladenstückchen und die Himbeeren vorsichtig unterheben. Einen Backrahmen auf ein Backblech (30 x 40 cm, mit Backpapier belegt) stellen. Den Teig vorsichtig auf dem Backblech verstreichen.

6. Das Backblech in den vorgeheizten Backofen schieben. Den Kuchen **etwa 35 Minuten backen**.

7. Das Backblech auf einen Kuchenrost stellen. Den Kuchen erkalten lassen.

8. Für den Guss Schokolade in Stücke brechen, mit der Sahne in einem kleinen Topf im heißen Wasserbad bei schwacher Hitze unter Rühren schmelzen.

9. Für den Belag Himbeeren verlesen, kurz abspülen, trocken tupfen und entstielen. Die Himbeeren auf dem Kuchen verteilen.

10. Geschmolzene Schokolade in einen Gefrierbeutel geben und eine kleine Ecke abschneiden. Die Schokolade auf die Himbeeren und den Kuchen spritzen. Schokolade fest werden lassen. Backrahmen lösen und entfernen. Den Kuchen in Stücke schneiden.

Pro Stück: E: 7 g, F: 17 g, Kh: 24 g, kJ: 1183, kcal: 283, BE: 2,0

Nussig, knusprig, schokoladig

Schokolade geht immer, nussig und knusprig darf es auch gern sein, hier entdecken Sie, dass Blechkuchen auch mit wenig oder ohne Frucht köstlich schmecken.

Triple-Choco-Käsekuchen

Schmeckt auch Kindern

Etwa 28 Stücke
Für den Gebäckboden:
400 g Brownie-Cookies (rechteckige Schokoladen-Cookies)
Für den Belag:
200 g weiße Schokolade * 500 g Frischkäse Soft (5 % Fett) * 125 g Crème fraîche * 50 g Zucker * abgeriebene Schale von ½ Bio-Zitrone (unbehandelt, ungewachst) * 1 EL Zitronensaft (von der Zitronenhälfte) * 2 Eier (Größe M) * 1 Eigelb (Größe M)
Für die Canache:
200 g Zartbitter-Kuvertüre oder -Schokolade (mind. 55 % Kakaoanteil) * 75 g Crème fraîche

Zubereitungszeit: 30 Minuten, ohne Abkühlzeit * Backzeit: etwa 45 Minuten

1. Den Backofen vorheizen. Ober-/Unterhitze: etwa 160 °C, Heißluft: etwa 140 °C.

2. Für den Boden einen Backrahmen in der Größe von etwa 20 x 28 cm auf ein Backblech (mit Backpapier belegt) stellen. Die Cookies so in dem Backrahmen verteilen, dass ein Boden entsteht.

3. Für den Belag Schokolade in kleine Stücke brechen, in einem kleinen Topf im heißen Wasserbad bei schwacher Hitze unter Rühren schmelzen. Den Topf aus dem Wasserbad nehmen.

4. Frischkäse mit Crème fraîche, Zucker, Zitronenschale, -saft, Eiern und Eigelb in einer Rührschüssel gut verrühren. Die geschmolzene Schokolade hinzugeben und gut unterrühren. Die Schokoladen-Frischkäse-Masse auf die Cookies in den Backrahmen geben und glatt streichen. Das Backblech in den vorgeheizten Backofen schieben. Den Käsekuchen **etwa 45 Minuten backen**.

5. Das Backblech auf einen Kuchenrost stellen. Den Kuchen etwa 30 Minuten abkühlen lassen, dann in den Kühlschrank stellen und erkalten lassen. Den Backrahmen lösen und entfernen.

6. Für die Canache Kuvertüre in kleine Stücke hacken oder Schokolade in kleine Stücke brechen. Mit Crème fraîche in einem kleinen Topf im heißen Wasserbad bei schwacher Hitze unter Rühren schmelzen. Den Topf aus dem Wasserbad nehmen. Die Schokoladenmasse nochmals gut durchrühren und auf dem Käsekuchen verteilen. Nach Belieben mit einem Esslöffel ein Muster durch die Schokoladenmasse ziehen. Den Käsekuchen wieder etwa 30 Minuten in den Kühlschrank stellen.

7. Das mitgebackene Backpapier lösen und entfernen. Den Käsekuchen in kleine Rechtecke schneiden.

Pro Stück: E: 5 g, F: 12 g, Kh: 19 g, kJ: 845, kcal: 202, BE: 1,5

Amerikanischer Schokoladenkuchen

Raffiniert – darauf freuen sich Gäste

Etwa 20 Stücke

Für den All-in-Teig:

300 g Weizenmehl * 80 g gesiebtes Kakaopulver * 3 gestr. TL Dr. Oetker Backin * 200 g Zucker * 2 Pck. Dr. Oetker Vanillin-Zucker * 1 Prise Salz * 4 Eier (Größe M) * 200 ml Speiseöl * 200 ml Mineralwasser * 75 g Schokotröpfchen

Zum Bestreuen:

75 g Schokotröpfchen

Für den Belag:

200 g weiche Butter * 250 g gesiebter Puderzucker * 125 ml (⅛ l) Cranberry-Saft (Zimmertemperatur) * evtl. etwas rote Speisefarbe

Zubereitungszeit: 20 Minuten, ohne Abkühlzeit * Backzeit: etwa 25 Minuten

1. Den Backofen vorheizen. Ober-/Unterhitze: etwa 200 °C, Heißluft: etwa 180 °C.

2. Für den Teig Mehl mit Kakao und Backpulver in einer Rührschüssel mischen. Zucker, Vanillin-Zucker, Salz, Eier, Speiseöl, Mineralwasser und Schokotröpfchen hinzufügen.

3. Die Zutaten mit Handrührgerät mit Rührbesen zunächst kurz auf niedrigster, dann auf höchster Stufe in etwa 2 Minuten zu einem glatten Teig verarbeiten.

4. Den Teig auf ein Backblech (30 x 40 cm, gefettet) geben und glatt streichen. Schokotröpfchen zum Bestreuen darauf verteilen. Das Backblech in den vorgeheizten Backofen schieben. Den Kuchen **etwa 25 Minuten backen**.

5. Das Backblech auf einen Kuchenrost stellen. Den Kuchen erkalten lassen.

6. Für den Belag Butter in einer Rührschüssel mit Handrührgerät mit Rührbesen kurz cremig aufschlagen. Nacheinander Puderzucker, Cranberry-Saft und nach Belieben etwas rote Speisefarbe kurz unterrühren. Die Creme auf den Kuchen geben und glatt streichen. Ein Muster mit einer Gabel oder einem Tortengarnierkamm in die Creme ziehen. Den Kuchen mindestens 15 Minuten in den Kühlschrank stellen.

Tipp: Sie können den Teig auch mit Mayonnaise zubereiten. Verwenden Sie dann aber nur 3 Eier (Größe M) und anstelle des Speiseöls 250 g Mayonnaise (80% Öl, aus dem Glas).

Pro Stück: E: 4 g, F: 24 g, Kh: 39 g, kJ: 1606, kcal: 384, BE: 3,5

Cheese Cake

Zum Dahinschmelzen

Etwa 20 Stücke

Für den Teig:

350 g Butterkekse * 100 g Zartbitter-Schokolade * 200 g Butter

Für den Belag:

600 g Doppelrahm-Frischkäse * 500 g Magerquark * 150 g Zucker * 1 Pck. Dr. Oetker Vanillin-Zucker * ½ Pck. Dr. Oetker Finesse Geriebene Zitronenschale * 1 Pck. Dr. Oetker Pudding-Pulver Sahne-Geschmack * 5 Eigelb (Größe M) * 5 Eiweiß (Größe M) * 25 g Zucker

Zum Bestreichen:

etwa 50 g Zartbitter-Schokolade

Zubereitungszeit: 35 Minuten, ohne Abkühlzeit * Backzeit: etwa 35 Minuten

1. Für den Teig Butterkekse in einen Gefrierbeutel geben. Den Beutel fest verschließen. Butterkekse mit einer Teigrolle fein zerbröseln und in eine Rührschüssel geben. Schokolade in Stücke brechen, mit der Butter in einem kleinen Topf im heißen Wasserbad bei schwacher Hitze unter Rühren schmelzen. Die Schokoladenbutter zu den Keksbröseln geben und gut verrühren.

2. Den Backofen vorheizen. Ober-/Unterhitze: etwa 180 °C, Heißluft: etwa 160 °C.

3. Einen Backrahmen auf ein Backblech (30 x 40 cm, leicht gefettet, mit Backpapier belegt) stellen. Die Bröselmasse auf das Backblech geben und mit einem Esslöffel zu einem flachen Boden andrücken.

4. Für den Belag Frischkäse mit Quark, Zucker, Vanillin-Zucker, Zitronenschale, Pudding-Pulver und Eigelb zu einer geschmeidigen Masse verrühren. Eiweiß mit Zucker steif schlagen und unterheben.

5. Die Frischkäsemasse auf dem Bröselboden verteilen und glatt streichen. Das Backblech in den vorgeheizten Backofen schieben. Den Kuchen **etwa 35 Minuten backen**.

6. Das Backblech auf einen Kuchenrost stellen. Den Kuchen erkalten lassen. Den Backrahmen lösen und entfernen.

7. Zum Bestreichen Schokolade in Stücke brechen, in einem kleinen Topf im heißen Wasserbad bei schwacher Hitze unter Rühren schmelzen. Die Kuchenoberfläche mithilfe eines Backpinsels damit verzieren oder bestreichen. Schokolade fest werden lassen.

Tipp: Nach Belieben mit roter Konfitüre, z. B. Kirsch oder Erdbeer, verzieren.

Pro Stück: E: 11 g, F: 24 g, Kh: 28 g, kJ: 1537, kcal: 367, BE: 2,5

Orangen-Selters-Kuchen

Schmeckt auch Kindern

Etwa 20 Stücke

Für den All-in-Teig:

300 g Weizenmehl * 3 gestr. TL Dr. Oetker Backin * 225 g Zucker * 1 Prise Salz * ½ Pck. Dr. Oetker Finesse Orangenschalen-Aroma * 4 Eier (Größe M) * 150 ml Speiseöl * 150 ml Selters oder Orangenlimonade, Apfel- oder Orangensaft

Für den Guss:

200 g Zartbitter-Schokolade * 75 g Schlagsahne * 1 EL Butter * 1 Bio-Orange (unbehandelt, ungewachst)

Zubereitungszeit: 20 Minuten, ohne Abkühlzeit * Backzeit: etwa 20 Minuten

1. Den Backofen vorheizen. Ober-/Unterhitze: etwa 180 °C, Heißluft: etwa 160 °C.

2. Für den Teig Mehl mit Backpulver in einer Rührschüssel mischen. Zucker, Salz, Orangenschalen-Aroma, Eier, Speiseöl und Selters oder Limonade oder Saft hinzufügen. Die Zutaten mit Handrührgerät mit Rührbesen zunächst kurz auf niedrigster, dann auf höchster Stufe in etwa 2 Minuten zu einem glatten Teig verarbeiten.

3. Den Teig auf ein Backblech (30 x 40 cm, gefettet) geben und glatt streichen. Das Backblech in den vorgeheizten Backofen schieben. Den Kuchen **etwa 20 Minuten backen**.

4. Das Backblech auf einen Kuchenrost stellen. Den Kuchen erkalten lassen.

5. Für den Guss die Schokolade in kleine Stücke brechen. Die Sahne in einem Topf kurz aufkochen lassen. Den Topf von der Kochstelle nehmen. Schokoladenstücke und Butter in den Topf geben und etwa 5 Minuten stehen lassen. Die Schokoladensahne glatt rühren und wellenartig auf den Kuchen streichen. Die Orange heiß abwaschen, abtrocknen und die Schale mit einem Zestenreißer in feinen Streifen abziehen. Die Orangenstreifen auf den Kuchen streuen. Den Guss fest werden lassen.

Tipp: Anstelle der geriebenen Orangenschale können Sie auch klein geschnittenes Orangeat oder in Stücke geschnittene, kandierte Orangenscheiben verwenden.

Pro Stück: E: 4 g, F: 15 g, Kh: 27 g, kJ: 1063, kcal: 254, BE: 2,0

Tipp: Beim Backen die Einschubhöhe nach Möglichkeit so verändern, dass der Abstand von etwa 20 cm zwischen Grill und Teigschicht bestehen bleibt.

Crazy Cake
Grill- oder Schichtkuchen
Süße Geschenkidee

8 Stangen
Für den Rührteig:
125 g Marzipan-Rohmasse * 200 g weiche Butter oder Margarine * 100 g Puderzucker * 1 Pck. Dr. Oetker Vanillin-Zucker * 2 Eier (Größe M) * 4 Eigelb (Größe M) * 125 g Weizenmehl * 75 g Speisestärke * 2 gestr. TL Dr. Oetker Backin * 4 Eiweiß (Größe M) * 1 Prise Salz * 1 TL Zucker
Für den Orangenteig:
abgeriebene Schale von ½ Bio-Orange (unbehandelt, ungewachst) * 2 EL Orangensaft * gelbe Speisefarbe
Für den Zitronenteig:
abgeriebene Schale von 1 Bio-Zitrone (unbehandelt, ungewachst) * 1 EL Zitronensaft * blaue Speisefarbe
Zum Bestreichen:
50 g Zitronengelee
Für den Guss:
etwa 100 g weiße Schokolade * 1 TL Speiseöl * etwa 100 g Zartbitter-Schokolade * ½ TL Speiseöl

Zubereitungszeit: 60 Minuten

1. Für den Rührteig Marzipan in Stücke schneiden und in eine Rührschüssel geben. Butter oder Margarine hinzufügen und mit Handrührgerät mit Rührbesen auf höchster Stufe geschmeidig rühren. Nach und nach Puderzucker und Vanillin-Zucker unterrühren. So lange rühren, bis eine gebundene Masse entstanden ist.

2. Eier und Eigelb nach und nach unterrühren (Eier/Eigelb etwa ½ Minute). Mehl mit Speisestärke und Backpulver mischen, in 2 Portionen kurz auf mittlerer Stufe unterrühren. Eiweiß mit Salz steif schlagen, Zucker unterschlagen. Eischnee vorsichtig unter den Teig heben. Den Backofengrill vorheizen.

3. Den Teig halbieren. Für den Orangenteig (gelb) Orangenschale, Orangensaft und Speisefarbe verrühren, unter eine Teighälfte rühren. Für den Zitronenteig (blau) Zitronenschale, Zitronensaft und Speisefarbe verrühren, unter die zweite Teighälfte rühren.

4. Einen Backrahmen in der Größe von 30 x 17 cm auf ein Backblech (gefettet, mit Backpapier belegt) stellen. Etwa 5 Esslöffel von dem Orangenteig (gelb) mit einem breiten Backpinsel gleichmäßig auf dem Backblech verstreichen. Das Backblech unter den vorgeheizten Backofengrill schieben (Abstand zwischen Grill und Teigschicht etwa 20 cm). Die Teigschicht **in 2–3 Minuten hellbraun backen**.

5. Das Backblech aus dem Backofen nehmen und als zweite Schicht etwa 5 Esslöffel von dem Zitronenteig (blau) auf die gebackene Schicht streichen. Das Backblech wieder unter den Grill schieben und auf diese Weise im Wechsel den ganzen Teig verarbeiten.

6. Nach dem Backen den Backrahmen lösen und entfernen. Kuchen mit dem Backpapier vom Backblech auf einen Kuchenrost ziehen, erkalten lassen.

7. Den Grillkuchen in 8 Stangen (etwa 3 cm dick) schneiden und mit Zitronengelee bestreichen. Für den Guss jeweils die weiße und dunkle Schokolade in Stücke brechen, getrennt in je einem kleinen Topf mit dem angegebenen Speiseöl im heißen Wasserbad bei schwacher Hitze unter Rühren schmelzen. Jeweils 4 Stangen mit der weißer und dunkler Schokolade bestreichen und fest werden lassen.

Pro Stück: E: 11 g, F: 39 g, Kh: 59 g, kJ: 2657, kcal: 635, BE: 5,0

Feiner Mohnkuchen mit Kokoshaube

Darauf freuen sich Gäste

Etwa 16 Stücke
Zum Vorbereiten:
1 Bio-Orange (unbehandelt, ungewachst) * 1 Orange
Für den Rührteig:
200 g weiche Butter oder Margarine * 170 g Zucker * 1 Pck. Dr. Oetker Bourbon-Vanille-Zucker * abgeriebene Orangenschale (von der Bio-Orange) * 4 Eier (Größe M) * 3 Eigelb (Größe M) * 120 g Weizenmehl * 2 gestr. TL Dr. Oetker Backin * 250 g gemahlener Mohn * 3 EL Orangensaft (von den Orangen) * Orangenfilets (von den 1 ½ Orangen)
Für den Belag:
3 Eiweiß (Größe M) * 1 Prise Salz * 150 g Zucker * 1 EL Orangensaft (von den Orangen) * 150 g Kokosraspel

Zubereitungszeit: 35 Minuten * Backzeit: etwa 25 Minuten

1. Zum Vorbereiten die Bio-Orange heiß abwaschen, abtrocknen und von einer Hälfte die Schale abreiben. Die Bio-Orange und die Hälfte der zweiten Orange so schälen, dass die weiße Haut vollständig entfernt wird. Orangen filetieren und dabei den Saft auffangen. Orangenfilets beiseitestellen. Von der restlichen Orangenhälfte den Saft auspressen und mit dem aufgefangenen Saft insgesamt 4 Esslöffel abmessen.

2. Den Backofen vorheizen. Ober-/Unterhitze: etwa 180 °C, Heißluft: etwa 160 °C.

3. Für den Teig Butter oder Margarine in einer Rührschüssel mit Handrührgerät mit Rührbesen auf höchster Stufe geschmeidig rühren. Nach und nach Zucker, Vanille-Zucker und Orangenschale unterrühren. So lange rühren, bis eine gebundene Masse entstanden ist.

4. Eier und Eigelb nach und nach unterrühren (jedes Ei/Eigelb etwa ½ Minute). Mehl mit Backpulver und Mohn mischen, in 2 Portionen mit dem Orangensaft kurz auf mittlerer Stufe unterrühren. Orangenfilets in kleine Stücke schneiden und unter den Teig heben.

5. Einen Backrahmen auf ein Backblech (30 x 40 cm, mit Backpapier belegt) stellen. Den Teig auf dem Backblech verteilen und glatt streichen. Das Backblech in den vorgeheizten Backofen schieben. Die Gebäckplatte **etwa 15 Minuten vorbacken**.

6. Das Backblech auf einen Kuchenrost stellen. Die Backofentemperatur um **etwa 20 °C heraufschalten**.

7. Für den Belag Eiweiß und Salz mit Handrührgerät mit Rührbesen auf höchster Stufe so steif schlagen, dass ein Messerschnitt sichtbar bleibt. Zucker nach und nach kurz unterschlagen. Orangensaft unterrühren und Kokosraspel unterheben.

8. Die Kokosmasse auf die heiße, vorgebackene Gebäckplatte geben und unregelmäßig verstreichen. Das Backblech wieder in den heißen Backofen schieben. Den Mohnkuchen weitere **etwa 10 Minuten backen**.

8. Das Backblech auf einen Kuchenrost stellen. Den Mohnkuchen erkalten lassen. Den Backrahmen lösen und entfernen. Den Kuchen in Stücke schneiden. Mitgebackenes Backpapier entfernen.

Pro Stück: E: 8 g, F: 26 g, Kh: 29 g, kJ: 1598, kcal: 382, BE: 2,5

Tipp: Nach Belieben mit Puderzucker bestäuben.

Schwarzwälder Schnitten

Mit Alkohol

Etwa 12 Stücke

Für den Biskuitteig:

2 Eier (Größe M) * 50 g Zucker * 1 Pck. Dr. Oetker Vanillin-Zucker * 50 g Weizenmehl * ½ gestr. TL Dr. Oetker Backin * 1 EL Speisestärke * 1 EL gesiebtes Kakaopulver

Für den Knetteig:

150 g Weizenmehl * 1 Msp. Dr. Oetker Backin * 50 g Zucker * 1 Pck. Dr. Oetker Vanillin-Zucker * 100 g Butter oder Margarine * 1 EL Wasser

Für den Kirschbelag:

370 g abgetropfte Sauerkirschen (aus dem Glas) * 1 Pck. ungezuckerter Tortenguss, rot * 25 g Zucker * 250 ml (¼ l) Sauerkirschsaft (aus dem Glas) * 3–4 EL Kirschkonfitüre * 3 EL Kirschwasser

Für den Sahnebelag:

500 g Schlagsahne * 2 Pck. Dr. Oetker Sahnesteif * 2 Pck. Dr. Oetker Vanillin-Zucker * 3 EL Kirschwasser * 50 g Zartbitter-Raspelschokolade * evtl. etwas Puderzucker

Zubereitungszeit: 50 Minuten, ohne Abkühlzeit * Backzeit: etwa 25 Minuten

1. Den Backofen vorheizen. Ober-/Unterhitze: etwa 200 °C, Heißluft: etwa 180 °C.

2. Für den Biskuitteig Eier in einer Rührschüssel mit Handrührgerät mit Rührbesen auf höchster Stufe in 1 Minute schaumig schlagen. Zucker mit Vanillin-Zucker mischen, in 1 Minute unter Rühren einstreuen, dann noch etwa 2 Minuten schlagen. Mehl mit Backpulver, Speisestärke und Kakao mischen, kurz auf niedrigster Stufe unterrühren. Den Teig auf die Hälfte eines Backblechs (30 x 20 cm, gefettet, mit Backpapier belegt) geben und glatt streichen. Das Backpapier an den offenen Seiten des Backblechs zur Falte knicken, sodass ein Rand entsteht. Das Backblech in den vorgeheizten Backofen schieben. Den Biskuitboden **etwa 10 Minuten backen**.

3. Den Biskuitboden vorsichtig vom Backblechrand lösen, auf mit Zucker bestreutes Backpapier stürzen, erkalten lassen, dann mitgebackenes Backpapier vorsichtig abziehen.

4. Für den Knetteig Mehl mit Backpulver mischen, in eine Rührschüssel geben. Restliche Zutaten hinzufügen und mit Handrührgerät mit Knethaken zunächst kurz auf niedrigster, dann auf höchster Stufe gut durcharbeiten. Anschließend auf einer bemehlten Arbeitsfläche zu einem glatten Teig verkneten, dann auf einem Stück Backpapier zu einem Rechteck (etwa 30 x 20 cm) ausrollen und mit dem Backpapier auf ein Backblech ziehen. Das Backblech in den heißen Backofen schieben. Den Knetteigboden **bei gleicher Backofentemperatur etwa 15 Minuten backen**.

5. Knetteigboden mit dem Backpapier vom Backblech auf einen Kuchenrost ziehen, erkalten lassen.

6. Für den Kirschbelag von den Sauerkirschen den Saft auffangen und 250 ml (¼ l) abmessen. Aus Tortengusspulver, Zucker und Kirschsaft einen Guss nach Packungsanleitung zubereiten. Sauerkirschen unterrühren, Kirschmasse erkalten lassen.

7. Den Knetteigboden auf eine Tortenplatte legen, mit Konfitüre bestreichen. Biskuitplatte auflegen und mithilfe eines Backpinsels mit Kirschwasser tränken.

8. Für den Sahnebelag Sahne mit Sahnesteif und Vanillin-Zucker steif schlagen. Kirschwasser unterrühren, Sahne in einen Spritzbeutel mit Lochtülle (Ø 12 mm) geben. Auf den Teigböden auf beiden Längsseiten und in die Mitte einen dicken Sahnestrang spritzen. Die Kirschmasse mit einem Löffel in den frei gebliebenen Zwischenräumen verteilen.

9. Sahneschnitten mit Raspelschokolade bestreuen, etwa 1 Stunde in den Kühlschrank stellen.

Pro Stück: E: 5 g, F: 23 g, Kh: 48 g, kJ: 1806, kcal: 432, BE: 4,0

Früchte-Bienenstich

Schmeckt auch Kindern

Etwa 30 Stücke

Für den Hefeteig

300 g Weizenmehl * ½ Pck. frische Hefe (21 g) * 50 g Zucker * 125 g lauwarme Schlagsahne * 50 g zerlassene, abgekühlte Butter oder Margarine * 1 Pck. Dr. Oetker Bourbon-Vanille-Zucker * ½ Pck. Dr. Oetker Finesse Orangenschalen-Aroma

etwas Weizenmehl

Für den Belag:

150 g Butter * 80 g Zucker * 40 g flüssiger Honig * 100 g Crème fraîche * 125 g getrocknete Cranberrys * 125 g getrocknete Beerenmischung, ungeschwefelt * 200 g gestiftelte Mandeln

Zubereitungszeit: 35 Minuten, ohne Teiggeh- und Abkühlzeit * Backzeit: etwa 15 Minuten

1. Für den Teig Mehl in eine Rührschüssel geben. In die Mitte eine Vertiefung drücken und die Hefe hineinbröckeln. Zucker und etwas Sahne hinzufügen. Mit einem kleinen Teil des Mehls mit einer Gabel vorsichtig verrühren und etwa 10 Minuten gehen lassen.

2. Butter oder Margarine, Vanille-Zucker, Orangenschalen-Aroma und restliche Sahne hinzufügen. Die Zutaten mit Handrührgerät mit Knethaken zunächst kurz auf niedrigster, dann auf höchster Stufe in etwa 5 Minuten zu einem glatten Teig verarbeiten. Den Teig mit Mehl bestäuben und zugedeckt so lange an einem warmen Ort gehen lassen, bis er sich sichtbar vergrößert hat (etwa 30 Minuten).

3. In der Zwischenzeit für den Belag Butter, Zucker, Honig und Crème fraîche in einem Topf unter Rühren zerlassen. Die Cranberrys, Beerenmischung und Mandeln unterrühren. Die Masse abkühlen lassen.

4. Den Backofen vorheizen. Ober-/Unterhitze: etwa 180 °C, Heißluft: etwa 160 °C.

5. Den gegangenen Teig leicht mit Mehl bestäuben, aus der Schüssel nehmen, auf einer leicht bemehlten Arbeitsfläche nochmals kurz durchkneten und auf einem Backblech (30 x 40 cm, gefettet) ausrollen.

6. Die Beeren-Mandel-Mischung daraufgeben und verstreichen. Das Backblech in den vorgeheizten Backofen schieben. Den Bienenstich **etwa 15 Minuten backen**.

7. Das Backblech auf einen Kuchenrost stellen. Den Früchte-Bienenstich erkalten lassen und in Stücke schneiden.

Tipp: Den Bienenstich in längliche Stücke schneiden. Nach Belieben mit geschmolzener, dunkler Schokolade besprenkeln. Oder die Gebäckenden in die Schokolade tauchen, auf Backpapier legen und die Schokolade fest werden lassen.

Pro Stück: E: 3 g, F: 12 g, Kh: 19 g, kJ: 830, kcal: 198, BE: 1,5

Krokant-Rauten

Raffiniert – zum Dahinschmelzen

Etwa 20 Stücke
Für den Teig:
150 g Zartbitter-Kuvertüre * 70 g Zwieback * 30 g Weizenmehl * 1 gestr. TL Dr. Oetker Backin * 170 g weiche Butter oder Margarine * 150 g Zucker * 1 Pck. Dr. Oetker Bourbon-Vanille-Zucker * 6 Eigelb (Größe M) * 6 Eiweiß (Größe M)
Zum Bestreichen:
150 g Sauerkirschkonfitüre
Für den Guss:
160 g Zartbitter-Kuvertüre * 50 g weiße Kuvertüre
75 g Haselnusskrokant

Zubereitungszeit: 45 Minuten, ohne Abkühlzeit * Backzeit: 15–20 Minuten

1. Für den Teig Kuvertüre in Stücke hacken, in einem kleinen Topf im heißen Wasserbad bei schwacher Hitze unter Rühren schmelzen. Kuvertüre abkühlen lassen.

2. Den Backofen vorheizen. Ober-/Unterhitze: etwa 200 °C, Heißluft: etwa 180 °C.

3. Zwiebäcke in einen Gefrierbeutel geben, den Beutel verschließen. Zwiebäcke mit einer Teigrolle fein zerbröseln. Mehl mit Backpulver und den Zwiebackbröseln in einer Schüssel vermischen.

4. Butter oder Margarine in einer Rührschüssel mit Handrührgerät mit Rührbesen auf höchster Stufe geschmeidig rühren. Nach und nach Zucker und Vanille-Zucker unterrühren. So lange rühren, bis eine gebundene Masse entstanden ist.

5. Eigelb nach und nach unterrühren (jedes Eigelb knapp ½ Minute). Kuvertüre unterheben. Die Brösel-Mehl-Mischung in 2 Portionen unterrühren.

6. Eiweiß steif schlagen und mit einem Teigschaber unterheben. Den Teig auf ein Backblech (30 x 40 cm, gefettet) geben und glatt streichen. Das Backblech in den vorgeheizten Backofen schieben. Den Kuchen **15–20 Minuten backen**.

7. Zum Bestreichen in der Zwischenzeit die Konfitüre durch ein Sieb streichen, in einem kleinen Topf unter Rühren aufkochen.

8. Das Backblech auf einen Kuchenrost stellen. Den heißen Kuchen sofort mit der Konfitüre bestreichen. Den Kuchen erkalten lassen.

9. Für den Guss die Kuvertüre in Stücke hacken. Die weiße und Zartbitter-Kuvertüre getrennt voneinander im heißen Wasserbad, wie unter Punkt 1 beschrieben, schmelzen. Die weiße und Zartbitter-Kuvertüre in je einen Gefrierbeutel füllen und eine kleine Ecke abschneiden. Den Kuchen mit der Kuvertüre besprenkeln und sofort mit Krokant bestreuen. Kuvertüre fest werden lassen. Den Kuchen in Rauten schneiden.

Pro Stück: E: 4 g, F: 16 g, Kh: 28 g, kJ: 1147, kcal: 274, BE: 2,5

Tipp: Die Kuchenoberfläche nach Belieben mit Nektarinenspalten garnieren. Statt Nektarinen können auch Aprikosen verwendet werden. Mit Aprikosenspalten verzieren.

••

Schlemmer-Nussschnitte

Raffiniert – darauf freuen sich Gäste

Etwa 12 Stücke

Für den Biskuitteig:

200 g Nusskern-Mischung * 100 g Zwieback * 5 Eigelb (Größe M) * 3 EL heißes Wasser * 100 g Zucker * 1 Pck. Dr. Oetker Vanillin-Zucker * 1 Pck. Süße Mahlzeit Grießbrei nach klassischer Art * 2 gestr. TL Dr. Oetker Backin * 5 Eiweiß (Größe M) * 1 Prise Salz * 1 TL Zucker

Zum Bestreichen:

100 g Nuss-Nougat

Für die Füllung:

5 Blatt weiße Gelatine * 250 g Schlagsahne * 400 g Griechischer Sahne-Joghurt (10 % Fett) * 20 g Puderzucker * 1 Pck. Dr. Oetker Bourbon-Vanille-Zucker * 300 g Nektarinen

Zubereitungszeit: 40 Minuten, ohne Kühlzeit * Backzeit: 10–15 Minuten

1. Zum Vorbereiten die Nusskerne und Zwiebäcke fein mahlen und in einer Pfanne ohne Fett unter Rühren leicht rösten. Die Nuss-Zwieback-Mischung herausnehmen und auf einem Teller erkalten lassen.

2. Den Backofen vorheizen. Ober-/Unterhitze: etwa 180 °C, Heißluft: etwa 160 °C.

3. Für den Teig Eigelb und Wasser in einer Rührschüssel mit Handrührgerät mit Rührbesen auf höchster Stufe in 1 Minute schaumig schlagen. Zucker mit Vanillin-Zucker mischen, in 1 Minute unter Rühren einstreuen, dann noch etwa 2 Minuten schlagen. Die Nuss-Zwieback-Mischung (1 Esslöffel davon abnehmen und beiseitestellen) mit Grießbrei und Backpulver mischen, kurz auf niedrigster Stufe unterrühren. Eiweiß mit Salz steif schlagen, Zucker kurz unterschlagen. Den Eischnee vorsichtig unter den Teig heben.

4. Teig auf einem Backblech (30 x 40 cm, mit Backpapier belegt) verteilen und glatt streichen. Backpapier an der offenen Seite des Backblechs so zur Falte knicken, dass ein Rand entsteht. Backblech in den vorgeheizten Backofen schieben. Nussboden **10–15 Minuten backen**.

5. Das Backblech auf einen Kuchenrost stellen. Den Nussboden erkalten lassen.

6. Zum Bestreichen Nuss-Nougat in einem kleinen Topf im heißen Wasserbad bei schwacher Hitze unter Rühren schmelzen. Den Boden auf eine Platte stürzen. Mitgebackenes Backpapier abziehen. Den Nussboden senkrecht halbieren, sodass 2 Platten (etwa 20 x 30 cm) entstehen. Einen Nussboden mit der gebackenen Seite auf eine Tortenplatte legen und einen Backrahmen darumstellen. Den Boden mit der Nuss-Nougat-Creme (gut 1 Esslöffel davon zurücklassen) bestreichen und in den Kühlschrank stellen. Nougat fest werden lassen.

7. Für die Füllung Gelatine nach Packungsanleitung einweichen. Sahne steif schlagen. Joghurt mit Puderzucker und Vanille-Zucker verrühren. Eingeweichte Gelatine leicht ausdrücken und in einem kleinen Topf unter Rühren erwärmen (nicht kochen), bis sie völlig gelöst ist. Gelatine unter den Joghurt rühren. Sahne unterheben.

8. Nektarinen heiß abwaschen, abtrocknen, halbieren, entsteinen, in kleine Stücke schneiden, unter die Hälfte der Joghurtsahne heben, auf dem bestrichenen Nussboden verteilen und glatt streichen. Den zweiten Boden darauflegen. Restliche Joghurtsahne darauf glatt verstreichen und mit der übrigen Nuss-Zwieback-Mischung bestreuen.

9. Die Nussschnitte mit der restlichen Nuss-Nougat-Creme verzieren und etwa 2 Stunden in den Kühlschrank stellen. Backrahmen entfernen.

Pro Stück: E: 10 g, F: 24 g, Kh: 37 g, kJ: 1687, kcal: 404, BE: 3,0

Brownies mit Cashewkernen

Zum Kindergeburtstag

Etwa 20 Stücke

Für den Rührteig:

250 g Zartbitter-Schokolade * 50 ml Milch * 250 g geröstete und gesalzene Cashewkerne * 250 g weiche Butter oder Margarine * 200 g brauner Zucker (Rohrzucker) * 1 Pck. Dr. Oetker Vanillin-Zucker * 4 Eier (Größe M) * 200 g Weizenmehl * 20 g gesiebtes Kakaopulver * 1 gestr. TL Dr. Oetker Backin

Zum Bestreuen:

50 g weiße Schokolade * 50 g Zartbitter-Schokolade

Zubereitungszeit: 30 Minuten * Backzeit: etwa 30 Minuten

1. Für den Teig 100 g der Schokolade in Stücke brechen. Milch in einem Topf kurz aufkochen lassen. Den Topf von der Kochstelle nehmen. Schokoladenstücke in die Milch geben und unter Rühren schmelzen lassen. Restliche Schokolade (150 g) in Stücke brechen und mit den Cashewkernen portionsweise in einem Zerkleinerer hacken.

2. Den Backofen vorheizen. Ober-/Unterhitze: etwa 180 °C, Heißluft: etwa 160 °C.

3. Butter oder Margarine in einer Rührschüssel mit Handrührgerät mit Rührbesen auf höchster Stufe geschmeidig rühren. Nach und nach braunen Zucker und Vanillin-Zucker unterrühren. So lange rühren, bis eine gebundene Masse entstanden ist. Eier nach und nach unterrühren (jedes Ei etwa ½ Minute).

4. Geschmolzene Schokolade glatt rühren und unterrühren. Mehl mit Kakao und Backpulver mischen, in 2 Portionen kurz auf mittlerer Stufe unterrühren. Gehackte Schokolade und Cashewkerne unterheben.

5. Den Teig in einem tiefen Backblech oder in einer Fettpfanne (30 x 40 cm, gefettet) gleichmäßig verteilen. Das Backblech in den vorgeheizten Backofen schieben. Den Kuchen **etwa 30 Minuten backen**.

6. Das Backblech auf einen Kuchenrost stellen. Zum Bestreuen weiße und Zartbitter-Schokolade in dünne Streifen schneiden oder schaben und auf den lauwarmen Kuchen streuen. Den Kuchen auf dem Backblech erkalten lassen.

Pro Stück: E: 6 g, F: 24 g, Kh: 29 g, kJ: 1484, kcal: 355, BE: 2,5

Hinweis: Für den Belag nur ganz frische Eier verwenden, die nicht älter als 5 Tage sind (Legedatum beachten!).

Schokokuchen mit Honig-Milchschaum

Für jeden Tag

Etwa 20 Stücke
Für den Belag:
10 Blatt weiße Gelatine * 600 ml Milch (1,5 % Fett) * 50 g neutraler, flüssiger Honig
Für den Biskuitteig:
3 Eier (Größe M) * 2 Eigelb (Größe M) * 2 EL heißes Wasser * 80 g Zucker *
1 Pck. Dr. Oetker Vanillin-Zucker * 1 Prise Salz * 100 g Weizenmehl * 20 g Speisestärke *
10 g gesiebtes Kakaopulver * 1 gestr. TL Dr. Oetker Backin

2 Eiweiß (Größe M) * 40 g Zucker * 2 EL heißes Wasser * 1 TL Dr. Oetker Bourbon-Vanille-Zucker *
100 g Schlagsahne * 2 EL Zartbitter-Raspelschokolade

Zubereitungszeit: 20 Minuten, ohne Kühlzeit * Backzeit: etwa 8 Minuten

1. Für den Belag Gelatine nach Packungsanleitung einweichen. Die Hälfte der Milch und den Honig in einem Topf bei schwacher Hitze schaumig schlagen (nicht kochen). Den Topf von der Kochstelle nehmen.

2. Eingeweichte Gelatine ausdrücken und in der heißen Honigmilch unter Rühren auflösen. Restliche Milch unterrühren. Die Honigmilch abkühlen lassen, zum Gelieren in den Kühlschrank stellen, dabei gelegentlich mit einem Schneebesen umrühren.

3. Den Backofen vorheizen. Ober-/Unterhitze: etwa 200 °C, Heißluft: etwa 180 °C.

4. Für den Teig Eier, Eigelb und Wasser in einer Rührschüssel mit Handrührgerät mit Rührbesen auf höchster Stufe in 1 Minute schaumig schlagen. Zucker mit Vanillin-Zucker und Salz mischen, in 1 Minute einstreuen, dann noch etwa 2 Minuten schlagen.

5. Mehl mit Speisestärke, Kakao und Backpulver mischen, die Hälfte davon auf die Eiercreme geben und kurz auf niedrigster Stufe unterrühren. Restliches Mehlgemisch auf die gleiche Weise unterarbeiten.

6. Den Teig in ein tiefes Backblech (30 x 40 cm, gefettet, bemehlt) geben und glatt streichen. Das Backblech in den vorgeheizten Backofen schieben. Die Biskuitplatte **etwa 8 Minuten backen**.

7. Das Backblech auf einen Kuchenrost stellen. Den Kuchen erkalten lassen.

8. Wenn die Honigmilch anfängt zu gelieren, Eiweiß steif schlagen. Zucker nach und nach unter ständigem Schlagen einrieseln lassen, bis die Masse glänzt. 2 Esslöffel heißes Wasser unter ständigem Schlagen nach und nach hinzugeben.

9. Sahne steif schlagen. Zuerst die Sahne, dann den Eischnee unter die gelierende Honigmilch heben. Die Creme auf der Biskuitplatte verteilen, glatt streichen und mit Raspelschokolade bestreuen. Den Kuchen etwa 2 Stunden in den Kühlschrank stellen und die Creme fest werden lassen.

Pro Stück: E: 4 g, F: 4 g, Kh: 16 g, kJ: 513, kcal: 123, BE: 1,5

Kokoskuchen

Schnell gemacht

Etwa 20 Stücke
Für den All-in-Teig:
300 g Weizenmehl * 3 gestr. TL Dr. Oetker Backin * 225 g Zucker * 2 Eier (Größe M) *
225 ml Buttermilch Zitronen-Geschmack
Für den Belag:
150 g Kokosraspel * 75 g Zucker * 400 g Schlagsahne

Zubereitungszeit: etwa 20 Minuten, ohne Abkühlzeit * Backzeit: etwa 20 Minuten

1. Den Backofen vorheizen. Ober-/Unterhitze: etwa 200 °C, Heißluft: etwa 180 °C.

2. Für den Teig Mehl mit Backpulver in einer Rührschüssel vermischen. Zucker, Eier und Buttermilch hinzufügen. Die Zutaten mit Handrührgerät mit Rührbesen zunächst kurz auf niedrigster, dann auf höchster Stufe in etwa 2 Minuten zu einem glatten Teig verarbeiten.

3. Den Teig auf ein Backblech (30 x 40 cm, gefettet) geben und glatt streichen.

4. Für den Belag Kokosraspel und Zucker vermischen und gleichmäßig auf den Teig streuen. Das Backblech in den vorgeheizten Backofen schieben. Den Kuchen **etwa 20 Minuten backen**.

5. Das Backblech auf einen Kuchenrost stellen.

6. Die Sahne esslöffelweise auf den heißen Kuchen träufeln. Den Kokoskuchen erkalten lassen und in Stücke schneiden.

Tipps: Buttermilch (Zitronen-Geschmack) kann auch durch Reine Buttermilch und 1 Päckchen Dr. Oetker Finesse Geriebene Zitronenschale ersetzt werden. Wer noch mehr Kokosgeschmack möchte, ersetzt die Buttermilch durch 140 ml Kokosmilch. Die fehlende Flüssigkeit (85 ml) kann durch Wasser ersetzt werden. Für diesen Teig benötigt man 4 gestrichene Teelöffel Dr. Oetker Backin.

Pro Stück: E: 3 g, F: 12 g, Kh: 28 g, kJ: 993, kcal: 237, BE: 2,5

Fruchtige Möhrenschnittten

Sehr saftig – das mögen auch Kinder

Etwa 20 Stücke
Zum Vorbereiten:
200 g gemahlene Haselnusskerne * 500 g Möhren
Für den Biskuitteig:
5 Eier (Größe M) * 200 g Zucker * 1 Pck. Dr. Oetker Vanillin-Zucker *
1 Pck. Dr. Oetker Finesse Orangenschalen-Aroma * 125 g Weizenmehl * 1 gestr. TL Dr. Oetker Backin
Für den Belag:
6 Blatt weiße Gelatine * 2 Pck. Dr. Oetker Pudding-Pulver Vanille-Geschmack * 80 g Zucker *
800 ml Multivitaminsaft * 500 g Schlagsahne * 2 Pck. Dr. Oetker Vanillin-Zucker

Zubereitungszeit: 50 Minuten, ohne Abkühlzeit * Backzeit: etwa 30 Minuten

1. Zum Vorbereiten Haselnusskerne in einer Pfanne ohne Fett unter Rühren goldgelb rösten, herausnehmen und auf einem Teller erkalten lassen. Möhren putzen, schälen, abspülen, abtropfen lassen, auf einer Haushaltsreibe sehr fein reiben und mit den Haselnusskernen vermischen.

2. Den Backofen vorheizen. Ober-/Unterhitze: etwa 180 °C, Heißluft: etwa 160 °C.

3. Für den Teig Eier in einer Rührschüssel mit Handrührgerät mit Rührbesen auf höchster Stufe in 1 Minute schaumig schlagen. Zucker mit Vanillin-Zucker und Orangenschalen-Aroma mischen, in 1 Minute einstreuen, dann noch etwa 2 Minuten schlagen. Mehl mit Backpulver mischen und kurz auf niedrigster Stufe unterrühren. Die Möhren-Nuss-Mischung vorsichtig unterheben.

4. Einen Backrahmen auf ein Backblech (30 x 40 cm, gefettet) stellen. Den Teig auf das Backblech geben und glatt streichen. Das Backblech in den vorgeheizten Backofen (unteres Drittel) schieben. Den Biskuitboden **etwa 30 Minuten backen**.

5. Das Backblech auf einen Kuchenrost stellen. Den Biskuitboden erkalten lassen.

6. Für den Belag Gelatine nach Packungsanleitung einweichen. Pudding-Pulver mit Zucker und etwas Multivitaminsaft anrühren. Restlichen Multivitaminsaft in einem Topf zum Kochen bringen. Angerührtes Pudding-Pulver in den von der Kochstelle genommenen Saft rühren und unter Rühren gut aufkochen lassen. Den Topf von der Kochstelle nehmen.

7. Eingeweichte Gelatine leicht ausdrücken und in dem heißen Pudding unter Rühren auflösen. Den Pudding in eine Rührschüssel geben. Die Puddingoberfläche direkt mit Frischhaltefolie belegen und erkalten lassen.

8. Sahne mit Vanillin-Zucker steif schlagen. Den erkalteten Pudding mit Handrührgerät mit Rührbesen gut verrühren. 2 Esslöffel Pudding abnehmen, in einen kleinen Gefrierbeutel geben und eine kleine Ecke abschneiden. Die Sahne unter den restlichen Pudding heben.

9. Die Creme auf dem Biskuitboden verteilen. Mit dem Pudding aus dem Gefrierbeutel ein Gitter auf den Fruchtbelag spritzen und nach Belieben Tupfen in das Gitter setzen. Den Backrahmen vorsichtig lösen und entfernen.

Pro Stück: E: 5 g, F: 16 g, Kh: 31 g, kJ: 1215, kcal: 290, BE: 2,5

Schokoladen-Samt-Kuchen

Zum Dahinschmelzen

Etwa 48 Stücke

Für den Rührteig:

250 g weiche Butter oder Margarine * 350 g brauner Rohrzucker *
2 Pck. Dr. Oetker Bourbon-Vanille-Zucker * 6 Eier (Größe M)
500 g Weizenmehl * 70 g gesiebtes Kakaopulver * 1 TL Natron * 2 TL Dr. Oetker Backin *
200 ml Mineralwasser mit Kohlensäure * 250 g Crème fraîche

Für den Canache-Belag:

200 g Zartbitter-Kuvertüre (mindestens 55 % Kakaoanteil) * 120 g Butter *
25 g Puderzucker * 125 g Crème fraîche

Zubereitungszeit: 35 Minuten, ohne Abkühlzeit * Backzeit: etwa 35 Minuten

1. Den Backofen vorheizen. Ober-/Unterhitze: etwa 180 °C, Heißluft: etwa 160 °C.

2. Für den Teig Butter oder Margarine in einer Rührschüssel mit Handrührgerät mit Rührbesen auf höchster Stufe geschmeidig rühren. Nach und nach Zucker und Vanille-Zucker unterrühren. So lange rühren, bis eine gebundene Masse entstanden ist.

3. Eier nach und nach unterrühren (jedes Ei etwa ½ Minute). Mehl mit Kakao, Natron und Backpulver mischen, abwechselnd in 2 Portionen mit dem Mineralwasser kurz auf mittlerer Stufe unterrühren. Crème fraîche unterheben. Einen Backrahmen auf ein Backblech (30 x 40 cm, mit Backpapier belegt) stellen. Den Teig auf dem Backblech verteilen und glatt streichen.

4. Das Backblech in den vorgeheizten Backofen schieben. Den Gebäckboden **etwa 35 Minuten backen**.

5. Das Backblech auf einen Kuchenrost stellen. Gebäckboden erkalten lassen.

6. In der Zwischenzeit für den Belag Kuvertüre in Stücke hacken, mit Butter, Puderzucker und Crème fraîche in einem Topf im heißen Wasserbad bei schwacher Hitze unter Rühren schmelzen. Den Topf aus dem Wasserbad nehmen, Schokoladenmasse unter gelegentlichem Umrühren erkalten lassen. Wenn die Schokoladenmasse anfängt dicklich zu werden, auf den Gebäckboden geben, verstreichen und mithilfe eines kleinen Löffels ein Wellenmuster durch die Creme ziehen.

7. Den Kuchen in den Kühlschrank stellen und die Schokoladenmasse fest werden lassen.

8. Den Backrahmen lösen und entfernen. Den Schokoladen-Samt-Kuchen in kleine Würfel schneiden.

Tipp: Das Gebäck nach Belieben in Papiermanschetten servieren.

••

Pro Stück: E: 3 g, F: 11 g, Kh: 18 g, kJ: 774, kcal: 185, BE: 1,5

Herbstgenüsse

Der Herbst mit seiner Überfülle an Früchten verführt nicht nur an Erntedank zum Backen von leckeren Apfel-, Pflaumen- und Birnenkuchen.

Pflaumen-Hirse-Kuchen

Mal anders

Etwa 20 Stücke

Zum Vorbereiten:
600 ml Wasser * 200 g Hirse * 1 Stange Zimt

Für den Belag:
1,2 kg reife Pflaumen

Für den Hirseboden:
3 Eier (Größe M) * 100 g brauner Zucker * 1 Prise Salz * 50 g Kartoffelmehl *
1 gestr. TL Dr. Oetker Backin * 1 EL neutrales Speiseöl

Zum Bestreichen:
100 g Aprikosenkonfitüre

Außerdem:
Kartoffelmehl für das Backblech

Zubereitungszeit: 35 Minuten, ohne Abkühlzeit * Backzeit: etwa 30 Minuten

1. Zum Vorbereiten Wasser in einem Topf zum Kochen bringen. Hirse und Zimtstange hinzugeben, umrühren und aufkochen. Hirse zugedeckt etwa 20 Minuten bei schwacher Hitze quellen lassen, bis die Flüssigkeit aufgesogen ist. Hirse erkalten lassen. Zimtstange entfernen.

2. Für den Belag die Pflaumen abspülen, trocken tupfen, halbieren und entsteinen. Die Pflaumenhälften nochmals längs durchschneiden.

3. Den Backofen vorheizen. Ober-/Unterhitze: etwa 180 °C, Heißluft: etwa 160 °C.

4. Für den Hirseboden die Eier in einer Rührschüssel mit Handrührgerät mit Rührbesen kurz aufschlagen. Zucker und Salz in 1 Minute einstreuen, dann noch etwa 2 Minuten schlagen. Kartoffelmehl mit Backpulver mischen. Zuerst Hirse, dann das Kartoffelmehlgemisch und das Öl kurz auf niedrigster Stufe unter die Eiermasse rühren.

5. Den Hirseteig auf ein Backblech (30 x 40 cm, gefettet mit Kartoffelmehl bestäubt) geben und glatt streichen. Einen Backrahmen darumstellen. Die Pflaumenspalten dachziegelartig in Reihen darauflegen.

6. Das Backblech in den vorgeheizten Backofen schieben. Den Kuchen **etwa 30 Minuten backen**.

7. Das Backblech auf einen Kuchenrost stellen, den Kuchen erkalten lassen.

8. Zum Bestreichen Konfitüre in einem kleinen Topf mit einem Schneidstab oder Stabmixer pürieren und erhitzen. Die Pflaumenspalten mit der Konfitüre bestreichen und erkalten lassen. Den Backrahmen lösen und entfernen.

Pro Stück: E: 2 g, F: 2 g, Kh: 23 g, kJ: 501, kcal: 120, BE: 2,0

Tipps: Statt der Zimtstange können Sie auch die Schale von ½ Bio-Zitrone (unbehandelt, ungewachst) verwenden. Dafür die Zitrone heiß abwaschen, abtrocknen und dünn schälen. Kartoffelmehl können Sie auch durch Maisstärke ersetzen.

Apfelkompott-Kuchen

Sehr saftig – begeistert Gäste

Etwa 12 Stücke
Für den Biskuitteig:
50 g Butter oder Margarine * 3 Eier (Größe M) * 3 EL Orangensaft * 90 g brauner Rohrzucker *
1 Pck. Dr. Oetker Bourbon-Vanille-Zucker * abgeriebene Schale von 1 Bio-Orange (unbehandelt, ungewachst) *
120 g Dinkelmehl, gesiebt (Type 630) * 1 gestr. TL. Dr. Oetker Backin
Zum Bestreuen:
100 g gehobelte Haselnusskerne * 20 g brauner Zucker * ½ TL gem. Zimt
Für die Füllung:
360 g Apfelkompott (aus dem Glas) * 250 g Schlagsahne * 1 EL Orangensaft *
1 Pck. Dr. Oetker Sahnesteif * 1 TL Zucker

Zubereitungszeit: 35 Minuten, ohne Kühlzeit * Backzeit: 12–15 Minuten

1. Den Backofen vorheizen. Ober-/Unterhitze: etwa 180 °C, Heißluft: etwa 160 °C.

2. Für den Teig Butter oder Margarine zerlassen. Eier und Orangensaft in einer Rührschüssel mit Handrührgerät mit Rührbesen auf höchster Stufe in 1 Minute schaumig schlagen. Rohrzucker mit Vanille-Zucker und Orangenschale mischen, in 1 Minute unter Rühren einstreuen, dann noch etwa 2 Minuten schlagen.

3. Mehl mit Backpulver mischen und kurz auf niedrigster Stufe unterrühren. Zerlassene Butter oder Margarine unterheben. Den Teig auf ein Backblech (30 x 40 cm, mit Backpapier belegt) geben und glatt streichen. Das Backpapier an der offenen Seite des Backblechs zur Falte knicken, sodass ein Rand entsteht.

4. Zum Bestreuen Haselnusskerne mit Zucker und Zimt mischen. Den Teig damit bestreuen. Das Backblech in den vorgeheizten Backofen schieben. Die Biskuitplatte **12–15 Minuten backen**.

5. Die Biskuitplatte sofort nach dem Backen vom Backblechrand lösen und mit dem Backpapier vom Backblech auf einen Kuchenrost ziehen. Biskuitplatte erkalten lassen.

6. Die Biskuitplatte auf eine Platte stürzen. Mitgebackenes Backpapier abziehen. Biskuitplatte wieder zurückstürzen und von der längeren Seite aus mit einem scharfen Sägemesser in 3 Gebäckplatten (etwa 13 x 30 cm) schneiden.

7. Für die Füllung eine Gebäckplatte mit der Haselnussseite nach oben auf eine Tortenplatte legen und mit der Hälfte des Apfelkompottes bestreichen. Sahne mit Orangensaft, Sahnesteif und Zucker steif schlagen. Die Hälfte der Sahne auf das Apfelkompott geben und glatt streichen. Die zweite Gebäckplatte mit der Haselnussseite nach oben darauflegen.

8. Restliches Apfelkompott darauf verteilen und mit der restlichen Gebäckplatte mit Haselnussseite nach oben belegen. Den Kuchen etwa 1 Stunde in den Kühlschrank stellen.

9. Den Kuchen in 12 längliche Tortenstücke schneiden. Nach Belieben mit Puderzucker bestäuben.

Pro Stück: E: 5 g, F: 17 g, Kh: 24 g, kJ: 1115, kcal: 267, BE: 2,0

Mohn-Cashew-Schnitten

Für die Kaffeerunde – mit Alkohol

Etwa 12 Stücke
Für die Mohnfüllung:
150 g Cashewkerne * 1 Apfel (etwa 150 g) * 500 g Mohn Back (backfertige Mohnfüllung) * 2–3 TL Rum * 1 Pck. Dr. Oetker Bourbon-Vanille-Zucker * 1 Ei (Größe M)
Für den Quark-Öl-Teig:
400 g Weizenmehl * 3 gestr. TL Dr. Oetker Backin * 100 g Zucker * 1 Pck. Dr. Oetker Bourbon-Vanille-Zucker * 125 g Magerquark * 100 ml Milch * 100 ml Speiseöl
Zum Aprikotieren:
3–4 EL Aprikosenkonfitüre

Zubereitungszeit: 30 Minuten, ohne Abkühlzeit * Backzeit: etwa 35 Minuten

1. Zum Vorbereiten die hintere Hälfte (40 x 15 cm) eines Backblechs einfetten und mit Backpapier belegen.

2. Für die Füllung Cashewkerne grob hacken, 50 g der Kerne beiseitelegen. Apfel schälen, vierteln, entkernen und grob raspeln. Backfertige Mohnfüllung in eine Rührschüssel geben, mit Cashewkernen, Apfelraspeln, Rum, Vanille-Zucker und Ei gut verrühren.

3. Den Backofen vorheizen. Ober-/Unterhitze: etwa 200 °C, Heißluft: etwa 180 °C.

4. Für den Teig Mehl mit Backpulver mischen, in eine Rührschüssel geben. Restliche Zutaten hinzufügen und mit Handrührgerät mit Knethaken zunächst kurz auf niedrigster, dann auf höchster Stufe zu einem glatten Teig verarbeiten (nicht zu lange kneten, der Teig klebt sonst).

5. Anschließend auf einer leicht bemehlten Arbeitsfläche zu einer Rolle formen und anschließend zu einem Quadrat (etwa 40 x 40 cm) ausrollen. Die Mohnfüllung darauf verstreichen. Den Teig von einer Seite aus fest aufrollen und in etwa 1 ½ cm dicke Scheiben schneiden. Die Teigscheiben leicht dachziegelartig auf das vorbereitete Backblech legen. Das Backblech in den vorgeheizten Backofen (unteres Drittel) schieben. Den Kuchen **etwa 35 Minuten backen**.

6. Das Backblech auf einen Kuchenrost stellen. Den Kuchen erkalten lassen.

7. Zum Aprikotieren Konfitüre durch ein Sieb streichen, in einem kleinen Topf unter Rühren kurz aufkochen lassen. Den Kuchen damit bestreichen und mit den beiseitegelegten Cashewkernen bestreuen.

Pro Stück: E: 10 g, F: 21 g, Kh: 60 g, kJ: 2001, kcal: 478, BE: 5,0

Friesischer Pflaumenkuchen

Für eine Teestunde – Stück für Stück ein Genuss

Etwa 18 Stücke
Zum Vorbereiten:
250 g Butter
Für den Streuselteig:
375 g Weizenmehl * 120 g Zucker * 1 Pck. Dr. Oetker Vanillin-Zucker * ½ gestr. TL gem. Zimt * 1 Ei (Größe M) * 175 g Butter (von der zerlassenen Butter)
Für den Belag:
330 g Holsteiner Pflaumenmus, stückig * 395 g Pflaumenhälften (aus dem Glas) * 1 kg Magerquark * 125 g Schlagsahne * 75 g Zucker * 1 Pck. Dr. Oetker Pudding-Pulver Vanille-Geschmack * 3 Eier (Größe M) * 75 g Butter (von der zerlassenen Butter)
evtl. etwas Puderzucker

Zubereitungszeit: 40 Minuten, ohne Abkühlzeit * Backzeit: etwa 45 Minuten

1. Zum Vorbereiten Butter in einem kleinen Topf zerlassen und abkühlen lassen.

2. Für den Teig Mehl in eine Rührschüssel geben. Zucker, Vanillin-Zucker, Zimt, Ei und 175 g von der zerlassenen Butter hinzufügen. Die Zutaten mit Handrührgerät mit Rührbesen zunächst kurz auf niedrigster, dann auf höchster Stufe zu Streuseln von gewünschter Größe verarbeiten.

3. Einen Backrahmen auf ein Backblech (30 x 40 cm, gefettet) stellen. Zwei Drittel der Teigstreusel auf dem Backblech verteilen und zu einem Boden andrücken.

4. Den Backofen vorheizen. Ober-/Unterhitze: etwa 180 °C, Heißluft: etwa 160 °C.

5. Für den Belag Pflaumenmus auf den Streuselboden geben und glatt streichen. Die Pflaumenhälften darauf verteilen.

6. Quark mit Sahne, Zucker, Pudding-Pulver, Eiern und der restlichen zerlassenen Butter gut verrühren. Die Quark-Sahne-Masse vorsichtig auf den Pflaumenhälften verteilen. Restliche Teigstreusel daraufstreuen. Das Backblech in den vorgeheizten Backofen schieben. Den Kuchen **etwa 45 Minuten backen**.

7. Das Backblech auf einen Kuchenrost stellen. Den Pflaumenkuchen erkalten lassen, in Stücke schneiden und nach Belieben mit Puderzucker bestäuben.

Pro Stück: E: 11 g, F: 16 g, Kh: 43 g, kJ: 1514, kcal: 362, BE: 3,5

Birnen-Schokoladen-Kuchen

Mit Alkohol

Etwa 20 Stücke

Für den Belag:

20 kleine Birnen, z. B. Conference * 250 ml (1/4 l) Weißwein * 400 ml Apfelsaft * abgeriebene Schale und Saft von 1 Bio-Zitrone (unbehandelt, ungewachst) * 150 g Zucker * 1 Stück Stangenzimt * 1/2 Vanilleschote

Für den Teig:

200 g Zartbitter-Schokolade (mindestens 50 % Kakaoanteil) * 150 g Butter * 5 Eier (Größe M) * 100 g Zucker * 1 Pck. Dr. Oetker Vanillin-Zucker * 150 g Weizenmehl * 50 g Semmelbrösel * 2 gestr. TL Dr. Oetker Backin * 125 g Crème fraîche

Zum Bestreichen:

3 EL Apfelgelee * 2 EL Birnenflüssigkeit (von den Birnen)

Für die Beilage:

125 g Crème fraîche * 250 g Speisequark (20 % Fett) * 100 ml Birnenflüssigkeit (von den Birnen) * 1 Pck. Dr. Oetker Sahnesteif * 1 TL Zucker

Zubereitungszeit: 60 Minuten, ohne Abkühlzeit * Backzeit: etwa 35 Minuten

1. Für den Belag Birnen schälen und mit einem kleinen Kugelausstecher das Kerngehäuse entfernen. Übrige Zutaten in einem Topf zum Kochen bringen. Birnen hinzugeben, wieder zum Kochen bringen und 15–20 Minuten (je nach Reife der Birnen) bei schwacher Hitze kochen lassen. Die Birnen in der Flüssigkeit etwa 1 Stunde abkühlen lassen. Anschließend in einem Sieb abtropfen lassen und die Flüssigkeit auffangen.

2. Für den Teig Schokolade in Stücke brechen, mit der Butter in einem Topf im heißen Wasserbad bei schwacher Hitze unter Rühren schmelzen. Die Schokoladenmasse etwas abkühlen lassen.

3. Den Backofen vorheizen. Ober-/Unterhitze: etwa 180 °C, Heißluft: etwa 160 °C.

4. Eier in einer Rührschüssel mit Handrührgerät mit Rührbesen auf höchster Stufe in 1 Minute schaumig schlagen. Zucker mit Vanillin-Zucker mischen, in 1 Minute unter Rühren einstreuen, dann noch etwa 2 Minuten schlagen. Mehl mit Semmelbröseln und Backpulver mischen und unter die Eiercreme heben. Schokoladenmasse und Crème fraîche vorsichtig unterrühren.

5. Einen Backrahmen auf ein Backblech (30 x 40 cm, gefettet) stellen. Den Teig auf das Backblech geben und glatt streichen. Birnen darauf verteilen und etwas in den Teig drücken. Das Backblech in den vorgeheizten Backofen schieben. Den Kuchen **etwa 35 Minuten backen**.

6. Das Backblech auf einen Kuchenrost stellen. Zum Bestreichen Apfelgelee mit der Birnenflüssigkeit in einem kleinen Topf verrühren und aufkochen lassen. Kuchenoberfläche und Birnen damit bestreichen. Den Kuchen erkalten lassen, Backrahmen lösen und entfernen.

7. Für die Beilage Crème fraîche mit Quark und Birnenflüssigkeit verrühren. Sahnesteif mit Zucker mischen und hinzugeben. Zutaten mit Handrührgerät mit Rührbesen cremig aufschlagen und zum Kuchen servieren.

Pro Stück: E: 6 g, F: 16 g, Kh: 36 g, kJ: 1314, kcal: 315, BE: 3,0

Pflaumen-Tiramisu

Mit Alkohol

Etwa 18 Stücke

Für den Biskuitteig:
2 Eier (Größe M) * 2 EL Wasser * 80 g Zucker * 1 Pck. Dr. Oetker Vanillin-Zucker * 75 g Weizenmehl * 50 g abgezogene, gem. Mandeln * 1 gestr. TL Dr. Oetker Backin

Für die Füllung:
750 g Pflaumen * 75 g Zucker
300 ml roter Traubensaft * 1 Pck. Rote Grütze Himbeer-Geschmack (Dessertpulver) * 60 g Zucker * 100 g Löffelbiskuits

Zum Tränken:
etwa 3 EL Mandellikör oder Trauben- oder Apfelsaft

Für den Belag:
2 Blatt weiße Gelatine * 250 g Ricotta (ital. Frischkäse) * 50 g Zucker * 250 g Schlagsahne
etwa 30 g geraspelte Zartbitter-Schokolade

Zubereitungszeit: 40 Minuten, ohne Abkühl- und Kühlzeit * Backzeit: etwa 15 Minuten

1. Den Backofen vorheizen. Ober-/Unterhitze: etwa 180 °C, Heißluft: etwa 160 °C.

2. Für den Teig Eier und Wasser in einer Rührschüssel mit Handrührgerät mit Rührbesen auf höchster Stufe in 1 Minute schaumig schlagen. Zucker mit Vanillin-Zucker mischen, in 1 Minute unter Rühren einstreuen, dann noch etwa 2 Minuten schlagen.

3. Mehl, Mandeln und Backpulver mischen, kurz auf niedrigster Stufe unterrühren. Einen Backrahmen in der Größe von 20 x 30 cm auf ein Backblech (mit Backpapier belegt) stellen. Teig im Backrahmen verteilen und glatt streichen. Backblech in den vorgeheizten Backofen schieben und **etwa 15 Minuten backen**.

4. Das Backblech auf einen Kuchenrost stellen. Die Biskuitplatte erkalten lassen.

5. Für die Füllung Pflaumen abspülen, trocken tupfen, entstielen, halbieren und entsteinen, vierteln. Pflaumenviertel mit Zucker und 200 ml des Traubensaftes in einem Topf zum Kochen bringen und etwa 2 Minuten bei schwacher Hitze kochen lassen. Restlichen Traubensaft mit dem Rote-Grütze-Pulver und dem Zucker anrühren, unter die Pflaumenmasse rühren und unter Rühren aufkochen lassen. Das Pflaumenkompott unter gelegentlichem Rühren abkühlen lassen. Kompott lauwarm auf der Biskuitplatte glatt verstreichen. Löffelbiskuits darauf verteilen und mit dem Likör oder Fruchtsaft tränken. Kuchen etwa 2 Stunden in den Kühlschrank stellen.

6. Für den Belag Gelatine einweichen. Eingeweichte Gelatine leicht ausdrücken und in einem kleinen Topf unter Rühren erwärmen (nicht kochen), bis sie völlig gelöst ist. Ricotta mit Zucker in einer Rührschüssel verrühren. Gelatine unter die Ricottamasse rühren. Sahne steif schlagen und unter die Ricottamasse heben. Die Ricottasahne auf den Löffelbiskuits verteilen und glatt streichen. Den Kuchen wieder etwa 1 Stunde in den Kühlschrank stellen.

7. Backrahmen lösen und entfernen, mitgebackenes Backpapier entfernen. Pflaumen-Tiramisu nach Belieben mit geraspelter Schokolade bestreuen.

Pro Stück: E: 5 g, F: 10 g, Kh: 33 g, kJ: 996, kcal: 238, BE: 2,5

Rosmarin-Apfelkuchen

Raffiniert – für die Kaffeerunde

Etwa 20 Stücke
Zum Vorbereiten:
2 EL Rosmarinnadeln (von 2–3 Stängeln Rosmarin) * 40 g Zucker
Für den All-in-Teig:
275 g Weizenmehl * 2 gestr. TL Dr. Oetker Backin * 125 g Zucker *
abgeriebene Schale von ½ Bio-Zitrone (unbehandelt, ungewachst) * 4 Eier (Größe M) *
175 g weiche Butter oder Margarine * 2 EL Zitronensaft
Für den Belag:
etwa 800 g rotschalige Äpfel, z. B. Gala, Elstar, Pink Lady
Zum Bestreichen:
2 EL Zitronensaft

Zubereitungszeit: 40 Minuten * Backzeit: etwa 35 Minuten

1. Zum Vorbereiten Rosmarin abspülen und trocken tupfen. Die Nadeln von den Stängeln zupfen, 2 Esslöffel abmessen, fein hacken und in eine kleine Schüssel geben. Zucker hinzugeben, unterrühren und etwa 20 Minuten durchziehen lassen.

2. Den Backofen vorheizen. Ober-/Unterhitze: etwa 180 °C, Heißluft: etwa 160 °C.

3. Für den Teig Mehl mit Backpulver mischen und in eine Rührschüssel geben. Zucker, Zitronenschale, Eier, Butter oder Margarine und Zitronensaft hinzufügen. Die Zutaten mit Handrührgerät mit Rührbesen zunächst kurz auf niedrigster, dann auf höchster Stufe in etwa 2 Minuten zu einem glatten Teig verarbeiten.

4. Den Teig auf ein Backblech (30 x 40 cm, gefettet) geben und glatt streichen. Vor den Teig einen mehrfach geknickten Streifen Alufolie legen.

5. Für den Belag Äpfel heiß abspülen, gut abtrocknen und mit einem Apfelausstecher das Kerngehäuse ausstechen. Die Äpfel in etwa 2 cm dicke Scheiben schneiden und mit etwas Zitronensaft bestreichen. Apfelscheiben auf den Teig legen.

6. Den vorbereiteten Rosmarinzucker, bis auf 1 Teelöffel, auf die Apfelscheiben streuen. Das Backblech in den vorgeheizten Backofen schieben. Den Kuchen **etwa 35 Minuten backen**.

7. Das Backblech auf einen Kuchenrost stellen.

8. Restlichen Rosmarinzucker und restlichen Zitronensaft in einem kleinen Topf unter Rühren zum Kochen bringen. Die noch heißen Apfelscheiben mit der Flüssigkeit bestreichen. Den Kuchen erkalten lassen. Alustreifen entfernen. Den Kuchen in Stücke schneiden.

Tipps: Zu dem Rosmarinkuchen eine Joghurtsahne reichen. Dafür 200 g Schlagsahne mit 1 Päckchen Dr. Oetker Vanillin-Zucker steif schlagen und 150 g Joghurt (3,5 % Fett) unterheben. Oder eine Vanillesauce (Kühlregal) oder Vanilleeis dazureichen.

Pro Stück: E: 3 g, F: 9 g, Kh: 24 g, kJ: 789, kcal: 189, BE: 2,0

Apfelkuchen mit Mandelkrokant

Fruchtig – Stück für Stück ein Genuss

Etwa 20 Stücke

Für den Mandelkrokant:
100 g Butter * 90 g Zucker * 40 g flüssiger Honig * 75 g Schlagsahne * 200 g gehobelte Mandeln

Für den All-in-Teig:
275 g Weizenmehl * 2 gestr. TL Dr. Oekter Backin * 100 g Puderzucker * 1 Pck. Dr. Oetker Vanillin-Zucker * 3 Eier (Größe M) * 170 g weiche Butter oder Margarine

Für den Belag:
1 ½ kg Äpfel, z. B. Elstar * 100 g Apfelgelee * 1 Pck. Dr. Oetker Pudding-Pulver Vanille-Geschmack * 1 Pck. Dessert Sauce Vanille-Geschmack, zum Kochen * 40 g Zucker * 50 g Semmelbrösel

Zubereitungszeit: 50 Minuten, ohne Abkühlzeit * Backzeit: etwa 45 Minuten

1. Für den Krokant Butter, Zucker, Honig und Sahne in einem Topf unter Rühren langsam erhitzen und zum Kochen bringen. Mandeln unterrühren und unter Rühren nochmals kurz aufkochen lassen. Mandelmasse abkühlen lassen.

2. Den Backofen vorheizen. Ober-/Unterhitze: etwa 180 °C, Heißluft: etwa 160 °C.

3. Für den Teig Mehl mit Backpulver mischen und in eine Rührschüssel geben. Puderzucker, Vanillin-Zucker, Eier und Butter oder Margarine hinzufügen. Die Zutaten mit Handrührgerät mit Rührbesen zunächst kurz auf niedrigster, dann auf höchster Stufe in etwa 2 Minuten zu einem glatten Teig verarbeiten.

4. Einen Backrahmen auf ein Backblech (30 x 40 cm, gefettet) stellen. Den Teig auf dem Backblech verteilen und glatt streichen.

5. Für den Belag Äpfel schälen, halbieren, entstielen, entkernen und auf einer Haushaltsreibe grob raspeln. Apfelraspel mit dem Apfelgelee verrühren. Pudding-Pulver mit Saucenpulver, Zucker und Semmelbröseln vermischen, unter die Apfelmasse rühren, auf den Teigboden geben und verstreichen. Die Krokantmasse auf die Apfelmasse geben. Krokantmasse vorsichtig mithilfe von 2 Gabeln darauf verteilen.

6. Das Backblech in den vorgeheizten Backofen schieben. Den Kuchen **etwa 45 Minuten backen**.

7. Das Backblech auf einen Kuchenrost stellen. Den Apfelkuchen erkalten lassen.

Pro Stück: E: 5 g, F: 19 g, Kh: 38 g, kJ: 1466, kcal: 350, BE: 3,0

Tipps: Gelatinespeisen gelingen nicht mit frischer Ananas und mit frischen Kiwis. Diese Früchte enthalten ein Enzym, das die Gelatine auflöst. Sie können den Pudding auch mit 250 g Schlagsahne und 250 ml (1/4 l) Apfelsaft oder 500 ml (1/2 l) Milch zubereiten.

Obstkuchen mit Pudding-Wein-Creme

Mit Alkohol – ideal für ein Kuchenbuffet

Etwa 20 Stücke
Für den All-in-Teig:
250 g Weizenmehl * 4 gestr. TL Dr. Oetker Backin * 175 g Zucker * 1 Pck. Dr. Oetker Vanillin-Zucker * 1 Pck. Dr. Oetker Finesse Orangenschalen-Aroma * 8 Eier (Größe M) * 6 EL Speiseöl * 5 EL Essig, z. B. Apfelessig
Für die Vanillecreme:
3 Blatt weiße Gelatine * 1 Pck. Dr. Oetker Pudding-Pulver Vanille-Geschmack * 40 g Zucker * 250 g Schlagsahne * 250 ml (¼ l) Weißwein * 300 g Crème fraîche
Für den Obstbelag:
1250 g vorbereitetes gemischtes Obst (frisch oder gut abgetropft aus dem Glas), z. B. Weintrauben, Pflaumen, Birnen, Äpfel, Mandarinen, Physalis (Kapstachelbeeren)
Für den Guss:
3 Pck. ungezuckerter Tortenguss, klar * 6 EL Zucker * 250 ml (¼ l) klarer Apfelsaft oder Weißwein * 500 ml (½ l) Wasser oder Fruchtsaft (aus den Dosen)

Zubereitungszeit: 60 Minuten, ohne Kühlzeit * Backzeit: etwa 20 Minuten

1. Den Backofen vorheizen. Ober-/Unterhitze: etwa 180 °C, Heißluft: etwa 160 °C.

2. Für den Teig Mehl mit Backpulver mischen und in eine Rührschüssel geben. Restliche Zutaten hinzufügen und mit Handrührgerät mit Rührbesen zunächst kurz auf niedrigster, dann auf höchster Stufe in etwa 2 Minuten zu einem glatten Teig verarbeiten.

3. Den Teig auf ein Backblech (30 x 40 cm, gefettet) geben und glatt streichen. Das Backblech in den vorgeheizten Backofen schieben. Den Gebäckboden **etwa 20 Minuten backen**.

4. Das Backblech auf einen Kuchenrost stellen. Den Gebäckboden erkalten lassen.

5. Den Gebäckboden vom Backblech lösen, Seitenränder (-kanten) gerade schneiden. Gebäckboden auf eine Platte legen. Einen Backrahmen darumstellen.

6. Für die Creme Gelatine nach Packungsanleitung einweichen. Pudding-Pulver mit Zucker mischen, mit 6 Esslöffeln von der Sahne anrühren. Restliche Sahne und Weißwein in einem Topf zum Kochen bringen. Den Topf von der Kochstelle nehmen. Angerührtes Pudding-Pulver einrühren und unter Rühren nochmals 1 Minute kochen lassen. Eingeweichte Gelatine ausdrücken und in dem heißen Pudding unter Rühren auflösen, Crème fraîche unterrühren. Die Creme auf den Gebäckboden geben und erkalten lassen.

7. Für den Belag das vorbereitete Obst in Stücke, Scheiben oder Spalten schneiden. Das Obst auf der Creme verteilen, dabei auch den Rand gut auslegen.

8. Für den Guss aus Tortengusspulver, Zucker, Apfelsaft oder Weißwein und Wasser oder Fruchtsaft einen Guss nach Packungsanleitung zubereiten. Den Guss auf dem Obst verteilen. Den Kuchen etwa 2 Stunden in den Kühlschrank stellen.

9. Den Backrahmen lösen und entfernen. Den Kuchen in Stücke schneiden.

Pro Stück: E: 5 g, F: 14 g, Kh: 39 g, kJ: 1348, kcal: 323, BE: 3,5

Tipp: Geschlagene Sahne zu den Pflaumen-Mango-Schnecken reichen. Oder die Schnecken lauwarm als Dessert mit Vanillesauce servieren.

Pflaumen-Mango-Schneckenkuchen

Etwas aufwendiger – raffiniert

Etwa 30 Stücke
750 g Blätterteig (10 rechteckige Platten, je 10 x 20 cm)
Zum Bestreichen und Bestreuen:
75 g Butter * 70 g Zucker * 1 Pck. Dr. Oetker Vanillin-Zucker * 50 g fein geriebene Zwiebackbrösel
Für den Belag:
3–4 dicke Pflaumen (etwa 300 g) * 1 reife Mango (Fruchtfleisch etwa 400 g)
¼ TL gem. Zimt * 2 EL Aprikosenkonfitüre

Zubereitungszeit: 50 Minuten, ohne Auftauzeit * Backzeit: etwa 40 Minuten

1. Für den Teig die Blätterteigplatten nebeneinander nach Packungsanleitung auftauen lassen. Die einzelnen Platten jeweils längs in 3 Streifen schneiden.

2. Zum Bestreichen und Bestreuen Butter zerlassen. Zucker und Vanillin-Zucker mischen. Die Teigstreifen mit einem Drittel der Butter bestreichen und mit je einem Drittel der Zuckermischung und der Zwiebackbrösel bestreuen.

3. Den Backofen vorheizen. Ober-/Unterhitze: etwa 200 °C, Heißluft: etwa 180 °C.

4. Für den Belag Pflaumen abspülen, gut abtrocknen, entstielen, halbieren und jeweils den Stein herauslösen. Die Pflaumenhälften in sehr dünne, etwa 2 mm dicke Scheiben schneiden. Von der Mango das Fruchtfleisch vom Stein schneiden und schälen. Das Fruchtfleisch (etwa 400 g) in etwa ½ cm dicke Scheiben schneiden.

5. Die Hälfte der Blätterteigstreifen mit den Pflaumenscheiben belegen, sodass die Scheiben etwas überlappen und am oberen Ende des Streifens 1 cm frei bleibt. Den frei gebliebenen Teig mit etwas von der restlichen, zerlassenen Butter bestreichen. Die Teigstreifen vorsichtig zu einer Schnecke aufrollen, dabei die Teigenden gut andrücken.

6. Einen Backrahmen auf ein Backblech (etwa 28 x 38 cm, mit Backpapier belegt) stellen. Das Backpapier mit etwas von der restlichen, zerlassenen Butter bestreichen und mit den restlichen Zwiebackbröseln bestreuen.

7. Die restlichen Teigstreifen mit den Mangoscheiben belegen, wie zuvor beschrieben jeweils zu einer Schnecke aufrollen und die Teigenden gut andrücken.

8. Die Pflaumen- und Mangoschnecken im Wechsel in einem Abstand von etwa 2 cm auf das vorbereitete Backblech setzen. Die Schnecken mit der Hälfte des restlichen Zuckers bestreuen. Das Backblech in den vorgeheizten Backofen schieben. Die Pflaumen-Mango-Schnecken **etwa 40 Minuten backen.**

9. Das Backblech auf einen Kuchenrost stellen. Die Pflaumenschnecken mit der restlichen Butter bestreichen. Restlichen Zucker mit Zimt mischen und daraufstreuen.

10. Aprikosenkonfitüre in einem kleinen Topf kurz aufkochen lassen. Die heißen Mangoschnecken damit bestreichen. Die Pflaumen-Mango-Schnecken erkalten lassen und sofort servieren.

Pro Stück: E: 2 g, F: 8 g, Kh: 17 g, kJ: 612, kcal: 146, BE: 1,5

Preiselbeer-Pudding-Kuchen

Raffiniert

Etwa 20 Stücke
Zum Vorbereiten:
300 g Zwieback
Für den Biskuitteig:
8 Eier (Größe M) * 2 EL heißes Wasser * 200 g Zucker * 1 Pck. Dr. Oetker Vanillin-Zucker * 5 Tropfen Bittermandel-Aroma * 1 gestr. TL Dr. Oetker Backin * 200 g gemahlene Haselnusskerne
Für den Belag:
6 Blatt weiße Gelatine * 2 Pck. Dr. Oetker Pudding-Pulver Vanille-Geschmack * 70 g Zucker * 800 ml Milch * 250 g Crème double * 400 g Wild-Preiselbeeren (aus dem Glas)
Zum Garnieren:
100 g Schokoriegel mit Joghurt-Erdbeer-Füllung

Zubereitungszeit: 45 Minuten, ohne Kühlzeit * Backzeit: etwa 25 Minuten

1. Zum Vorbereiten Zwiebäcke in einen Gefrierbeutel geben, den Beutel fest verschließen. Zwiebäcke mit einer Teigrolle fein zerbröseln.

2. Den Backofen vorheizen. Ober-/Unterhitze: etwa 180 °C, Heißluft: etwa 160 °C.

3. Für den Teig Eier und Wasser mit Handrührgerät mit Rührbesen auf höchster Stufe in 1 Minute schaumig schlagen. Zucker und Vanillin-Zucker mischen, in 1 Minute einstreuen, dann noch etwa 2 Minuten schlagen. Aroma unterrühren. Zwiebackbrösel mit Backpulver mischen und kurz auf niedrigster Stufe unterrühren, Haselnusskerne unterheben.

4. Den Teig auf ein Backblech (30 x 40 cm, gefettet mit Backpapier belegt) geben und glatt streichen. Das Backpapier an der offenen Seite des Backblechs so zur Falte knicken, dass ein Rand entsteht. Das Backblech in den vorgeheizten Backofen schieben. Den Biskuitboden **etwa 25 Minuten backen**.

5. Den Biskuitboden mit dem Backpapier auf einen Kuchenrost ziehen und erkalten lassen. Den Biskuitboden auf ein Tablett oder Backblech stürzen. Mitgebackenes Backpapier abziehen. Einen Backrahmen um den Biskuitboden stellen.

6. Für den Belag Gelatine nach Packungsanleitung einweichen. Aus Pudding-Pulver, Zucker und Milch einen Pudding nach Packungsanleitung, aber nur mit 800 ml Milch und 3 Esslöffeln Zucker zubereiten. Den Topf von der Kochstelle nehmen. Zuerst Crème double, dann die ausgedrückte Gelatine unter den heißen Pudding rühren.

7. Zwei Drittel der Puddingcreme auf dem Biskuitboden verteilen. Die Preiselbeeren zu der restlichen Puddingcreme geben und mit Handrührgerät mit Rührbesen verrühren. Die Preiselbeer-Pudding-Creme vorsichtig auf die helle Puddingcreme streichen.

8. Zum Garnieren Schokoriegel mit einem Sparschäler in dünne Späne schneiden. Den Kuchen mit den Schokoladenspänen garnieren. Den Kuchen mindestens 2 Stunden in den Kühlschrank stellen. Den Backrahmen vorsichtig lösen und entfernen.

Pro Stück: E: 8 g, F: 18 g, Kh: 43 g, kJ: 1511, kcal: 362, BE: 3,5

Tipp: Den Kuchen mit Puderzucker bestäubt servieren. Cremig gerührten Joghurt dazureichen.

Apfel-Dinkel-Kuchen

Zum Nachmittags-Kaffee

Etwa 18 Stücke

Für den Knetteig:
175 g Dinkelmehl, gesiebt (Type 630) * 70 g brauner Rohrzucker * ¼ gestr. TL gem. Zimt * 100 g Butter
75 g fein geraspelter Kürbis (Hokkaido)

Für den Belag:
70 g Butter * 4 EL flüssiger Honig (etwa 80 g) * 50 g Schlagsahne * 125 g fein geraspelter Kürbis (Hokkaido) *
50 g gehobelte Mandeln * 1 ½ kg Äpfel, z. B. Elstar

Für den Rührteig:
150 g weiche Butter * 100 g brauner Rohrzucker * 1 Pck. Dr. Oetker Bourbon-Vanille-Zucker *
3 Eier (Größe M) * 175 g Dinkelmehl, gesiebt (Type 630) * 1 ½ gestr. TL Dr. Oetker Backin * 1–2 EL Milch

Zubereitungszeit: 45 Minuten, ohne Kühlzeit * Backzeit: etwa 35 Minuten

1. Für den Knetteig Mehl in eine Rührschüssel geben. Rohrzucker, Zimt, Butter und Kürbisraspel hinzufügen. Die Zutaten mit Handrührgerät mit Knethaken zunächst kurz auf niedrigster, dann auf höchster Stufe gut durcharbeiten.

2. Anschließend auf einer bemehlten Arbeitsfläche zu einem glatten Teig verkneten. Den Teig in Frischhaltefolie gewickelt etwa 30 Minuten in den Kühlschrank legen.

3. In der Zwischenzeit den Backofen vorheizen. Ober-/Unterhitze: etwa 180 °C, Heißluft: etwa 160 °C.

4. Den Teig auf einem Backblech (30 x 40 cm, gefettet) ausrollen. Den Teig mehrmals mit einer Gabel einstechen. Das Backblech in den vorgeheizten Backofen schieben. Den Knetteigboden **etwa 10 Minuten vorbacken**.

5. Für den Belag Butter, Honig und Sahne in einem Topf zerlassen, Kürbisraspel hinzufügen, zum Kochen bringen und etwa 2 Minuten unter Rühren bei mittlerer Hitze kochen lassen. Mandeln unterrühren. Die Kürbismasse herausnehmen und auf einem Teller erkalten lassen.

6. Äpfel schälen, vierteln, entstielen und entkernen.

7. Das Backblech auf einen Kuchenrost stellen. Den Knetteigboden abkühlen lassen.

8. Für den Rührteig Butter in einer Rührschüssel mit Handrührgerät mit Rührbesen auf höchster Stufe geschmeidig rühren. Nach und nach Rohrzucker und Vanille-Zucker unterrühren. So lange rühren, bis eine gebundene Masse entstanden ist.

9. Eier nach und nach unterrühren (jedes Ei etwa ½ Minute). Mehl und Backpulver mischen, in 2 Portionen abwechselnd mit der Milch kurz auf mittlerer Stufe unterrühren. Den Teig auf den vorgebackenen Knetteigboden geben und glatt streichen. Die Apfelspalten in Reihen darauflegen. Die Kürbismasse darauf verteilen. Das Backblech wieder in den heißen Backofen schieben. Den Kuchen bei gleicher Backofentemperatur in **etwa 25 Minuten fertig backen**.

10. Das Backblech auf einen Kuchenrost stellen. Den Apfel-Dinkel-Kuchen erkalten lassen.

Pro Stück: E: 5 g, F: 19 g, Kh: 36 g, kJ: 1391, kcal: 332, BE: 3,0

Tipp: Nach Belieben mit Puderzucker bestäuben.

Weintrauben-Schneckenkuchen

Etwas aufwendiger – frisch auf den Tisch

Etwa 12 Stücke

Für den Hefeteig:

375 g Weizenmehl (Type 550) * 1 Pck. Dr. Oetker Trockenbackhefe * 70 g Zucker * 1 Prise Salz * 120 g zerlassene, abgekühlte Butter oder Margarine * 125 g lauwarme Buttermilch * 1 Ei (Größe M)

Für den Belag:

150 g Marzipan-Rohmasse * 25 g weiche Butter * 1 Pck. Dr. Oetker Vanillin-Zucker * 1 Eiweiß (Größe M)

Für die Füllung:

Je 200 g blaue und grüne, kernlose Weintrauben (vorbereitet gewogen) * 25 g Butter * 25 g flüssiger Honig (etwa 1 EL) * 100 g geriebene Löffelbiskuits

Zum Bestreichen und Bestreuen:

1 Eigelb (Größe M) * 1 EL Wasser * 25 g gestiftelte Mandeln

Zubereitungszeit: 50 Minuten, ohne Teiggeh- und Abkühlzeit * Backzeit: etwa 35 Minuten

1. Für den Teig Mehl in einer Rührschüssel mit Trockenbackhefe sorgfältig vermischen. Übrige Zutaten hinzufügen und mit Handrührgerät mit Knethaken zunächst kurz auf niedrigster, dann auf höchster Stufe in etwa 5 Minuten zu einem glatten Teig verarbeiten. Teig zugedeckt an einem warmen Ort gehen lassen, bis er sichtbar vergrößert hat (etwa 30 Minuten).

2. Für den Belag Marzipan in Stücke schneiden, mit Butter, Vanillin-Zucker und Eiweiß in einem hohen Rührbecher mithilfe eines Stabmixers zu einer geschmeidigen Masse verrühren.

3. Für die Füllung Weintrauben abspülen, trocken tupfen und halbieren. Größere Weintrauben vierteln. Butter und Honig in einem Topf bei starker Hitze zerlassen. Weintraubenhälften hinzugeben, unterrühren und etwa 2 Minuten bei mittlerer Hitze kochen lassen. Die Weintraubenmasse auf einem Teller abkühlen lassen.

4. Gegangenen Teig leicht mit Mehl bestäuben, aus der Schüssel nehmen, auf einer bemehlten Arbeitsfläche nochmals kurz durchkneten und zu einem Rechteck (etwa 30 x 45 cm) ausrollen. Marzipanmasse auf die Teigplatte geben und glatt streichen, dabei die Ränder etwa 2 cm frei lassen. Unter die abgekühlten Weintrauben die Biskuitbrösel rühren, auf dem Marzipanbelag verteilen und glatt streichen.

5. Die Teigränder an den längeren Seiten etwas einschlagen. Die belegte Teigplatte jeweils von der kürzeren Seite aus bis zur Mitte hin aufrollen, sodass 2 Schnecken entstehen. Die Teigschnecken auf ein Backblech (30 x 40 cm, mit Backpapier belegt) legen.

6. Zum Bestreichen und Bestreuen Eigelb mit Wasser verschlagen. Teigschnecken damit bestreichen, mit Mandeln bestreuen und nochmals zugedeckt an einem warmen Ort gehen lassen, bis sie sich sichtbar vergrößert haben (etwa 15 Minuten).

7. Den Backofen vorheizen. Ober-/Unterhitze: etwa 180 °C, Heißluft: etwa 160 °C.

8. Das Backblech in den vorgeheizten Backofen schieben. Den Schneckenkuchen **etwa 35 Minuten backen**. Evtl. etwa 5 Minuten vor Ende der Backzeit den Schneckenkuchen mit Backpapier belegen, damit die Oberfläche nicht zu dunkel wird.

9. Den Schneckenkuchen mit dem Backpapier auf einen Kuchenrost ziehen und erkalten lassen.

Pro Stück: E: 9 g, F: 19 g, Kh: 49 g, kJ: 1703, kcal: 407, BE: 4,0

Tipps: Für den Belag können statt Birnenhälften auch Pflaumenhälften verwendet werden. Die Birnenhälften können auch in kleine Stücke geschnitten und gleichmäßig auf der Cappuccino-Quark-Masse verteilt werden.

Cappuccino-Birnen-Kuchen

Mit Alkohol – Stück für Stück ein Genuss

Etwa 20 Stücke

Für den Hefeteig:

375 g Weizenmehl * 1 Pck. Dr. Oetker Trockenbackhefe * 50 g Zucker * 1 Pck. Dr. Oetker Vanillin-Zucker * 1 Prise Salz * 1 Ei (Größe M) * 50 g zerlassene, abgekühlte Butter oder Margarine * 200 ml lauwarme Milch
etwas Weizenmehl

Für den Belag:

5 EL Cappuccino-Instant-Pulver, gesüßt (30 g) * 2–3 EL heißes Wasser * 500 g Speisequark (20 % Fett) * 150 g Crème fraîche * 50 ml Kaffeelikör * 3 Eier (Größe M) * 100 g Zucker * 1 Pck. Dr. Oetker Vanillin-Zucker * 1 Pck. Dessert-Sauce Vanille-Geschmack, zum Kochen * 460 g abgetropfte Birnenhälften (aus der Dose) * 50 g Zartbitter-Schokolade

Zubereitungszeit: 50 Minuten, ohne Teiggeh- und Abkühlzeit * Backzeit: etwa 35 Minuten

1. Für den Teig Mehl in eine Rührschüssel geben, mit Trockenbackhefe sorgfältig vermischen. Zucker, Vanillin-Zucker, Salz, Ei, Butter oder Margarine und Milch hinzufügen.

2. Die Zutaten mit Handrührgerät mit Knethaken zunächst kurz auf niedrigster, dann auf höchster Stufe in etwa 5 Minuten zu einem glatten Teig verarbeiten. Den Teig mit Mehl bestäuben und zugedeckt so lange an einem warmen Ort gehen lassen, bis er sich sichtbar vergrößert hat (etwa 30 Minuten).

3. Für den Belag Cappuccino-Pulver in dem heißen Wasser unter Rühren auflösen und in eine Rührschüssel geben. Quark, Crème fraîche, Likör, Eier, Zucker, Vanillin-Zucker und Dessert-Saucenpulver hinzufügen. Die Zutaten gut verrühren.

4. Den gegangenen Teig leicht mit Mehl bestäuben, aus der Schüssel nehmen und auf einer leicht bemehlten Arbeitsfläche nochmals kurz durchkneten. Den Teig in einer Fettpfanne oder auf einem Backblech mit hohem Rand (30 x 40 cm, gefettet) ausrollen. Den Teig an den Rändern hochziehen.

5. Die Cappuccino-Quark-Masse auf dem Teig verteilen. Birnenhälften vierteln, fächerartig aufschneiden (aber nicht durchschneiden) und auf die Cappuccino-Quark-Masse legen. Den Kuchen so lange an einem warmen Ort gehen lassen, bis er sich sichtbar vergrößert hat (etwa 30 Minuten).

6. In der Zwischenzeit den Backofen vorheizen. Ober-/Unterhitze: etwa 200 °C, Heißluft: etwa 180 °C.

7. Die Fettpfanne oder das Backblech in den vorgeheizten Backofen (unteres Drittel) schieben. Den Kuchen **etwa 35 Minuten backen**.

8. Die Fettpfanne oder das Backblech auf einen Kuchenrost stellen. Den Kuchen erkalten lassen.

9. Schokolade in Stücke brechen, in einem kleinen Topf im heißen Wasserbad bei schwacher Hitze unter Rühren schmelzen. Die Schokolade in einen kleinen Gefrierbeutel geben und eine kleine Ecke abschneiden. Den Kuchen damit besprenkeln. Schokolade fest werden lassen.

Pro Stück: E: 8 g, F: 9 g, Kh: 32 g, kJ: 1003, kcal: 240, BE: 2,5

Exotische Früchte

Ob Zitrusfrüchte, Mango, Melonen oder Kokosnuss.
Hier finden Sie Backideen vom Blech,
von denen Ihre Großeltern noch nicht einmal geträumt haben.

Apfel-Mandarinen-Kuchen

Für Kinder – sehr saftig

Etwa 20 Stücke

Für den Rührteig

5 Riegel PiCK UP Choco & Milch (Leibniz, Bahlsen, je Riegel 28 g) * 150 g weiche Butter oder Margarine * 100 g Zucker * 1 Pck. Dr. Oetker Vanillin-Zucker * 3 Eier (Größe M) * 225 g Dinkelmehl, gesiebt (Type 630) * 2 gestr. TL Dr. Oetker Backin * 150 g Joghurt (3,5 % Fett)

Für den Belag:

6–7 kleine Äpfel, z. B. Elstar (etwa 750 g) * 175 g abgetropfte Mandarinen (aus der Dose)

Für den Guss:

2–3 EL Aprikosenkonfitüre * 2 EL Mandarinensaft (von den Mandarinen)

Zubereitungszeit: 45 Minuten, ohne Abkühlzeit * Backzeit: etwa 35 Minuten

1. Für den Teig die PiCK UP-Riegel in etwa ½ cm große Würfel schneiden.

2. Butter oder Margarine in einer Rührschüssel mit Handrührgerät mit Rührbesen geschmeidig rühren. Nach und nach Zucker und Vanillin-Zucker unterrühren. So lange rühren, bis eine gebundene Masse entstanden ist.

3. Eier nach und nach unterrühren (jedes Ei etwa ½ Minute). Mehl mit Backpulver mischen, in 2 Portionen kurz auf mittlerer Stufe unterrühren. PiCK UP-Würfel unterrühren. Den Teig auf ein Backblech (30 x 40 cm, gefettet) geben und glatt streichen.

4. Für den Belag Äpfel schälen, vierteln und entkernen. Apfelviertel mehrmals der Länge nach einschneiden. Von den abgetropften Mandarinen den Saft auffangen und 2 Esslöffel für den Guss abmessen. Apfelviertel und Mandarinen auf dem Teig verteilen. Das Backblech in den vorgeheizten Backofen schieben. Den Kuchen **etwa 35 Minuten backen**.

5. Für den Guss Konfitüre mit dem Mandarinensaft in einem kleinen Topf unter Rühren aufkochen lassen.

6. Das Backblech auf einen Kuchenrost stellen. Die Kuchenoberfläche sofort mit dem Guss bestreichen. Den Kuchen erkalten lassen.

Tipp: Nach Belieben die Kuchenoberfläche mit in Streifen geschnittenen PiCK UP Riegeln belegen.

Pro Stück: E: 3 g, F: 10 g, Kh: 25 g, kJ: 857, kcal: 205, BE: 2,0

Zitronen-Götterspeise-Kuchen

Das mögen Kinder

Etwa 20 Stücke
Für den Rührteig:
120 g weiche Butter oder Margarine * 120 g Zucker * 1 Prise Salz *
1 Pck. Dr. Oetker Finesse Geriebene Zitronenschale * 3 Eier (Größe M) * 250 g Weizenmehl *
50 g Speisestärke * 3 gestr. TL Dr. Oetker Backin * 150 g Joghurt (1,5 % Fett)
Für den Belag:
2 Beutel aus 1 Pck. Götterspeise Zitronen-Geschmack * 180 g Zucker *
450 g Joghurt (1,5 % Fett) * 100 g Schlagsahne

Zubereitungszeit: 30 Minuten, ohne Gelier- und Abkühlzeit * Backzeit: etwa 25 Minuten

1. Den Backofen vorheizen. Ober-/Unterhitze: etwa 200 °C, Heißluft: etwa 180 °C.

2. Für den Teig Butter oder Margarine in einer Rührschüssel mit Handrührgerät mit Rührbesen auf höchster Stufe geschmeidig rühren. Nach und nach Zucker, Salz und Zitronenschale unterrühren. So lange rühren, bis eine gebundene Masse entstanden ist.

3. Eier nach und nach unterrühren (jedes Ei etwa ½ Minute). Mehl mit Speisestärke und Backpulver mischen, abwechselnd in 2 Portionen mit dem Joghurt kurz auf mittlerer Stufe unterrühren.

4. Den Teig auf ein Backblech (30 x 40 cm, gefettet) geben und glatt streichen. Das Backblech in den vorgeheizten Backofen schieben. Die Gebäckplatte **etwa 25 Minuten backen**.

5. Das Backblech auf einen Kuchenrost stellen. Den Kuchen erkalten lassen.

6. Für den Belag beide Beutel Götterspeise nach Packungsanleitung, aber mit nur 150 ml Wasser zum Quellen anrühren. Zucker zur gequollenen Götterspeise geben. Götterspeise nach Packungsanleitung auflösen.

7. 300 ml kaltes Wasser vorsichtig unterrühren. 150 ml der Flüssigkeit in ein flaches Gefäß gießen und zugedeckt zum Gelieren in den Kühlschrank stellen.

8. Restliche Flüssigkeit in eine Rührschüssel geben. Joghurt unterrühren. Sahne steif schlagen und unterheben. Die Creme kurz in den Kühlschrank stellen, bis sie anfängt zu gelieren.

9. Die Joghurt-Zitronencreme auf der Gebäckplatte verteilen. Die fest gewordene Götterspeise aus dem Gefäß mit einem Messer in kleine Stücke teilen und auf der Creme verteilen. Den Kuchen kurz in den Kühlschrank stellen.

Pro Stück: E: 4 g, F: 8 g, Kh: 28 g, kJ: 864, kcal: 206, BE: 2,5

Blätterteig-Mango-Kuchen

Schnell gemacht

Etwa 20 Stücke
450 g TK-Blätterteig (6 rechteckige Platten)
Für den Belag:
750 g abgetropfte Mangoscheiben (aus Dosen) * 800 g Doppelrahm-Frischkäse *
100 g Crème fraîche * 3 Eier (Größe M) * 100 g Zucker * 2 EL Zitronensaft
Für den Guss:
1 Pck. ungezuckerter Tortenguss, klar * 2 EL Zucker *
250 ml (1/4 l) Mangosaft (aus den Dosen) * 2 EL Zitronensaft

Zubereitungszeit: 25 Minuten, ohne Auftau- und Abkühlzeit * Backzeit: etwa 30 Minuten

1. Blätterteigplatten nach Packungsanleitung auftauen lassen.

2. Den Backofen vorheizen. Ober-/Unterhitze: etwa 200 °C, Heißluft: etwa 180 °C.

3. Für den Belag von den Mangoscheiben den Saft auffangen, 250 ml (1/4 l) abmessen und für den Guss beiseitestellen. Frischkäse mit Crème fraîche, Eiern, Zucker und Zitronensaft verrühren.

4. Die Teigplatten auf der leicht bemehlten Arbeitsfläche aufeinanderlegen, zu einer rechteckigen Platte (etwa 35 x 45 cm) ausrollen und in ein tiefes Backblech oder in eine Fettpfanne (30x 40 cm, gefettet) legen. Den Teig kurz ruhen lassen (der Teig zieht sich etwas zusammen).

5. In der Zwischenzeit die Mangoscheiben der Länge nach in schmale Streifen schneiden.

6. Die Blätterteigplatte mehrmals mit einer Gabel einstechen. Die Frischkäsemasse auf die Teigplatte streichen und mit Mangostreifen belegen. Das Backblech oder die Fettpfanne in den vorgeheizten Backofen schieben. Den Kuchen **etwa 30 Minuten backen**.

7. Das Backblech oder die Fettpfanne auf einen Kuchenrost stellen. Den Kuchen erkalten lassen.

8. Für den Guss aus Tortengusspulver, Zucker, Mango- und Zitronensaft einen Guss nach Packungsanleitung zubereiten. Den Guss sofort und schnell mit einem Esslöffel von innen nach außen auf dem Kuchen verteilen. Den Guss fest werden lassen.

Pro Stück: E: 7 g, F: 21 g, Kh: 26 g, kJ: 1342, kcal: 321, BE: 2,0

Feigenkuchen

Erfrischend – für Gäste

Etwa 20 Stücke

Für den All-in-Teig:

100 g Weizenmehl * 1 gestr. TL Dr. Oetker Backin * 200 g gem. Haselnusskerne * 100 g Zucker * 1 Pck. Dr. Oetker Vanillin-Zucker * 2 Eier (Größe M) * 100 g weiches Nuss-Nougat * 100 g weiche Butter oder Margarine

Für den Belag:

6 Blatt weiße Gelatine * 500 ml (½ l) Vanillemilch * 1 Pck. Dr. Oetker Pudding-Pulver Vanille-Geschmack * 50 g Zucker * 630 g abgetropfte, ganze Feigen (aus Dosen) * 500 g Speisequark (20 % Fett) * 200 g Schlagsahne

Für den Guss:

500 ml (½ l) Feigensaft (von den Feigen) * 2 Pck. ungezuckerter Tortenguss, klar * 1 TL Zucker

Zubereitungszeit: 40 Minuten, ohne Kühlzeit * Backzeit: 10–15 Minuten

1. Den Backofen vorheizen. Ober-/Unterhitze: etwa 180 °C, Heißluft: etwa 160 °C.

2. Für den Teig Mehl mit Backpulver und Haselnusskernen mischen, in eine Rührschüssel geben. Zucker, Vanillin-Zucker, Eier, Nuss-Nougat und Butter oder Margarine hinzufügen. Die Zutaten mit Handrührgerät mit Rührbesen zunächst kurz auf niedrigster, dann auf höchster Stufe in etwa 2 Minuten zu einem glatten Teig verarbeiten.

3. Einen Backrahmen auf ein Backblech (30 x 40 cm, mit Backpapier belegt) stellen. Den Teig auf das Backblech geben und glatt streichen. Die Gebäckplatte **10–15 Minuten backen**.

4. Das Backblech auf einen Kuchenrost stellen. Die Gebäckplatte erkalten lassen.

5. Für den Belag Gelatine nach Packungsanleitung einweichen. Aus Vanillemilch, Pudding-Pulver und Zucker einen Pudding nach Packungsanleitung zubereiten. Gelatine leicht ausdrücken und in dem heißen Pudding unter Rühren auflösen. Den Pudding etwa 15 Minuten unter gelegentlichem Rühren erkalten lassen.

6. Von den Feigen den Saft auffangen. Feigen der Länge nach halbieren, nochmals in einem Sieb abtropfen lassen und den restlichen Saft auffangen.

7. Den Quark unter den abgekühlten Pudding rühren. Sahne steif schlagen und ebenfalls unterheben. Die Creme auf der Gebäckplatte verstreichen. Die Feigenhälften darauf verteilen. Den Kuchen etwa 2 Stunden in den Kühlschrank stellen.

8. Für den Guss aus Feigensaft, Tortengusspulver und Zucker einen Guss nach Packungsanleitung zubereiten. Den Guss auf dem Kuchen verteilen. Den Kuchen nochmals etwa 30 Minuten in den Kühlschrank stellen.

9. Den Backrahmen lösen und entfernen. Den Feigenkuchen in Stücke schneiden.

Pro Stück: E: 8 g, F: 17 g, Kh: 29 g, kJ: 1279, kcal: 306, BE: 2,5

Tipp: Geschlagene Sahne dazureichen.

Pink-Grapefruit-Birnenkuchen

Begeistert Gäste

Etwa 20 Stücke
Für den Streuselteig:
200 g Weizenmehl * 70 g Zucker * 150 g weiche Butter oder Margarine
Für den Rührteig:
200 g weiche Butter oder Margarine * 150 g Puderzucker * 1 Pck. Dr. Oetker Vanillin-Zucker * 3 Eier (Größe M) * 150 g Weizenmehl * 1 gestr. TL Dr. Oetker Backin * 1 Pck. Dr. Oetker Pudding-Pulver Vanille-Geschmack * 100 g abgezogene, gemahlene Mandeln
Für den Belag:
460 g abgetropfte Birnenhälften (aus der Dose) * 4–5 Pink Grapefruits
Zum Bestreichen:
etwa 3 EL Zitronen- oder Apfelgelee * 1–2 EL Grapefruitsaft

Zubereitungszeit: 50 Minuten, ohne Abkühlzeit * Backzeit: etwa 40 Minuten

1. Den Backofen vorheizen. Ober-/Unterhitze: etwa 180 °C, Heißluft: etwa 160 °C.

2. Für den Streuselteig Mehl in eine Rührschüssel geben. Zucker und Butter oder Margarine hinzufügen. Die Zutaten mit Handrührgerät mit Rührbesen zunächst kurz auf niedrigster, dann auf höchster Stufe zu Streuseln verarbeiten.

3. Einen Backrahmen auf ein Backblech (30 x 40 cm, gefettet) stellen. Den Streuselteig daraufgeben und zu einem Boden andrücken. Das Backblech in den vorgeheizten Backofen schieben. Den Boden **etwa 10 Minuten backen**.

4. Das Backblech auf einen Kuchenrost stellen. Den Streuselboden erkalten lassen.

5. Für den Rührteig Butter oder Margarine in einer Rührschüssel mit Handrührgerät mit Rührbesen geschmeidig rühren. Nach und nach Puderzucker und Vanillin-Zucker unterrühren. So lange rühren, bis eine gebundene Masse entstanden ist.

6. Eier nach und nach unterrühren (jedes Ei etwa ½ Minute). Mehl mit Backpulver und Pudding-Pulver mischen, in 2 Portionen kurz auf mittlerer Stufe unterrühren. Mandeln unterrühren. Den Teig auf den Streuselboden geben und glatt streichen.

7. Für den Belag von den Birnenhälften den Saft auffangen. Birnenhälften dritteln. Die Grapefruits so schälen, dass die weiße Haut vollständig entfernt wird. Grapefruits filetieren, in ein Sieb geben, abtropfen lassen und den Saft auffangen.

8. Birnenstücke und Grapefruitfilets abwechselnd in Streifen auf den Rührteig legen. Das Backblech wieder in den vorgeheizten Backofen schieben. Den Kuchen bei gleicher Backofentemperatur in **etwa 30 Minuten fertig backen**.

9. Das Backblech auf einen Kuchenrost stellen.

10. Zum Bestreichen Zitronen- oder Apfelgelee mit dem Grapefruitsaft in einem kleinen Topf unter Rühren aufkochen. Den heißen Kuchen mithilfe eines Backpinsels damit bestreichen. Den Kuchen erkalten lassen und in Stücke schneiden.

Pro Stück: E: 5 g, F: 19 g, Kh: 37 g, kJ: 1419, kcal: 339, BE: 3,0

Tipp: Für Kinder für den Belag nur 700 g Mandarinen (aus Dosen) verwenden.

••

Göttliche Zitrusschnitten

Sehr fruchtig – Stück für Stück ein Genuss

Etwa 20 Stücke
Für den All-in-Teig:
250 g Weizenmehl * 2 ½ gestr. TL Dr. Oetker Backin * 150 g Puderzucker *
1 Pck. Dr. Oetker Vanillin-Zucker * 1 Pck. Dr. Oetker Finesse Geriebene Zitronenschale *
3 Eier (Größe M) * 100 ml Speiseöl * 100 ml Zitronenlimonade
Für die Füllung:
1 Beutel aus 1 Pck. Götterspeise Zitronen-Geschmack * 150 ml Wasser * 100 g Zucker *
500 g Ricotta (ital. Frischkäse) * 200–250 g Schlagsahne * Saft von 1 Zitrone
Für den Belag:
2 Beutel aus 1 Pck. Götterspeise Zitronen-Geschmack * 350 ml Wasser *
250 ml (¼ l) Zitronenlimonade * 50 g Zucker * 1 Bio-Limette (unbehandelt, ungewachst) *
10 Kumquats (unbehandelt) * 2 Orangen * 1 Pink Grapefruit * 175 g Mandarinen (aus der Dose)

Zubereitungszeit: 60 Minuten, ohne Kühlzeit * Backzeit: etwa 20 Minuten

1. Den Backofen vorheizen. Ober-/Unterhitze: etwa 180 °C, Heißluft: etwa 160 °C.

2. Für den Teig Mehl, Backpulver und Puderzucker in einer Rührschüssel mischen. Übrige Zutaten hinzufügen und mit Handrührgerät mit Rührbesen zunächst kurz auf niedrigster, dann auf höchster Stufe in etwa 2 Minuten zu einem glatten Teig verarbeiten.

3. Einen Backrahmen auf ein Backblech (30 x 40 cm, gefettet) stellen. Teig auf das Backblech geben und glatt streichen. Backblech in den vorgeheizten Backofen schieben. Gebäckboden **etwa 20 Minuten backen**.

4. Das Backblech auf einen Kuchenrost stellen. Den Gebäckboden erkalten lassen.

5. Für die Füllung Götterspeise nach Packungsanleitung, aber nur mit 150 ml Wasser und 100 g Zucker zubereiten, abkühlen lassen. Ricotta mit Sahne und Zitronensaft in einer Rührschüssel mit einem Schneebesen glatt rühren. Die abgekühlte Götterspeisenflüssigkeit unterrühren. Die Ricotta-Sahne-Masse auf dem Gebäckboden verteilen. Den Kuchen etwa 1 Stunde in den Kühlschrank stellen.

6. Für den Belag 2 Beutel Götterspeise nach Packungsanleitung, aber nur mit 350 ml Wasser und 250 ml (¼ l) Zitronenlimonade und 50 g Zucker zubereiten. Die Götterspeisenflüssigkeit in eine Rührschüssel geben, beiseitestellen und abkühlen lassen.

7. Limette und Kumquats heiß abwaschen und abtrocknen. Die Limette dünn schälen, die Schale in dünne Streifen schneiden. Orangen, Grapefruit und die dünn geschälte Limette so schälen, dass die weiße Haut mitentfernt wird. Kumquats und Orangen in Scheiben schneiden. Die Limette und die Grapefruit filetieren. Das vorbereitete Obst mit den abgetropften Mandarinen auf der Ricotta-Sahne-Masse verteilen.

8. Sobald die beiseitegestellte Götterspeisenflüssigkeit kalt, aber noch flüssig ist, auf dem Obst verteilen, sodass die Früchte bedeckt sind. Den Kuchen mindestens 2 Stunden in den Kühlschrank stellen.

9. Den Backrahmen lösen und entfernen. Den Kuchen in Stücke schneiden.

Pro Stück: E: 6 g, F: 14 g, Kh: 32 g, kJ: 1188, kcal: 284, BE: 2,5

Hefekuchen mit Cranberrys

Schmeckt auch Kindern

Etwa 20 Stücke

Für den Hefeteig:

200 ml Milch (1,5 % Fett) * 30 g Butter * 350 g Weizenmehl * 1 Pck. Dr. Oetker Trockenbackhefe * 20 g Zucker * 1 Ei (Größe M) etwas Weizenmehl

Für den Belag:

50 g getrocknete Cranberrys * 250 g Speisequark (20 % Fett) * 300 g Vanillejoghurt (3,5 % Fett) * 1 Ei (Größe M) * 30 g Butter * 30 g gehobelte Mandeln * 30 g Zucker

Zubereitungszeit: 25 Minuten, ohne Teiggeh- und Abkühlzeit * Backzeit: etwa 20 Minuten

1. Für den Teig Milch in einem kleinen Topf leicht erwärmen, die Butter darin zerlassen.

2. Mehl in einer Rührschüssel mit der Trockenbackhefe sorgfältig vermischen. Zucker, Ei und die warme Milch-Butter-Mischung hinzufügen.

3. Die Zutaten mit Handrührgerät mit Knethaken zunächst kurz auf niedrigster, dann auf höchster Stufe in etwa 5 Minuten zu einem glatten Teig verarbeiten. Den Teig mit Mehl bestäuben und zugedeckt so lange an einem warmen Ort gehen lassen, bis er sich sichtbar vergrößert hat (etwa 30 Minuten).

4. Den gegangenen Teig leicht mit Mehl bestäuben, aus der Schüssel nehmen, auf einer leicht bemehlten Arbeitsfläche nochmals kurz durchkneten und zu einem Rechteck (etwa 30 x 40 cm) ausrollen. Die Teigplatte in ein tiefes Backblech (30 x 40 cm, gefettet) legen, dabei den Teig am Rand leicht andrücken. Die Teigplatte nochmals zugedeckt etwa 30 Minuten an einem warmen Ort gehen lassen, bis sie sich sichtbar vergrößert hat.

5. In der Zwischenzeit für den Belag Cranberrys in kleine Stücke hacken und in eine Schüssel geben. Quark, Joghurt und Ei unterrühren. Butter zerlassen und unterheben.

6. Den Backofen vorheizen. Ober-/Unterhitze: etwa 180 °C, Heißluft: etwa 160 °C.

7. Den Zeige- und Mittelfinger in Mehl tauchen und in gleichmäßigen Abständen Löcher in die Teigplatte drücken. Die Cranberry-Quark-Masse auf dem Teig verteilen und glatt streichen. Zuerst die Mandeln, dann den Zucker daraufstreuen. Das Backblech in den vorgeheizten Backofen schieben. Den Kuchen **etwa 20 Minuten backen**.

8. Das Backblech auf einen Kuchenrost stellen. Den Kuchen erkalten lassen.

Tipp: Der Kuchen schmeckt frisch am besten. Anstelle von getrockneten Cranberrys können Sie auch eine Mischung aus getrockneten Beeren verwenden.

Pro Stück: E: 6 g, F: 6 g, Kh: 22 g, kJ: 676, kcal: 161, BE: 2,0

Zitronen-Klecksel-Kuchen

Für große und kleine Kinder

Etwa 20 Stücke
Für den All-in-Teig:
200 g Weizenmehl * 1 gestr. TL Dr. Oetker Backin * 100 g Zucker * 1 Prise Salz *
250 g weiche Butter oder Margarine * 2 Eier (Größe M) * 100 g Vollmilch-Raspelschokolade * 1 EL Wasser
Für die Füllung:
1 Bio-Zitrone (unbehandelt, ungewachst) * 1 Zitrone *
500 g Sahne-Pudding Vanille-Geschmack (aus dem Kühlregal) * 500 g Speisequark (20 % Fett) *
70 g Zucker * 3 Eier (Größe M) * 30 g Hartweizengrieß

Zubereitungszeit: 20 Minuten * Backzeit: etwa 38 Minuten

1. Den Backofen vorheizen. Ober-/Unterhitze: etwa 200 °C, Heißluft: etwa 180 °C.

2. Für den Teig Mehl mit Backpulver in einer Rührschüssel mischen. Zucker, Salz, Butter oder Margarine und Eier hinzufügen. Die Zutaten mit Handrührgerät mit Rührbesen zunächst kurz auf niedrigster, dann auf höchster Stufe in etwa 2 Minuten zu einem glatten Teig verarbeiten. Raspelschokolade unterrühren.

3. Für die Klecksel ein Drittel des Teiges abnehmen, mit 1 Esslöffel Wasser verrühren und beiseitestellen. Restlichen Teig in einem tiefen Backblech oder in einer Fettpfanne (30 x 40 cm, gefettet) verteilen. Das Backblech oder die Fettpfanne in den vorgeheizten Backofen schieben. Den Gebäckboden **etwa 8 Minuten vorbacken**.

4. Für die Füllung in der Zwischenzeit die Bio-Zitrone heiß abwaschen, abtrocknen und die Schale abreiben. Beide Zitronen halbieren und den Saft auspressen. Zitronenschale mit 5 Esslöffeln Zitronensaft, Sahne-Pudding, Quark, Zucker, Eiern und Grieß zu einer glatten Masse verrühren.

5. Das Backblech oder die Fettpfanne auf einen Kuchenrost stellen. Die Pudding-Quark-Masse auf den heißen, vorgebackenen Boden geben und glatt streichen.

6. Den beiseitegestellten Kleckselteig in einen Spritzbeutel mit großer Lochtülle (Ø etwa 10 mm) füllen und Kleckse auf die Pudding-Quark-Masse spritzen.

7. Das Backblech oder die Fettpfanne wieder in den heißen Backofen schieben. Den Kuchen bei gleicher Backofentemperatur in **etwa 30 Minuten fertig backen**.

8. Das Backblech oder die Fettpfanne auf einen Kuchenrost stellen. Den Kuchen erkalten lassen und in Stücke teilen.

Pro Stück: E: 7 g, F: 17 g, Kh: 24 g, kJ: 1183, kcal: 283, BE: 2,0

Mandarinen-Mandel-Kuchen

Für die Teestunde

Etwa 20 Stücke

Für den Belag:

350 g abgetropfte Mandarinen (aus Dosen) * 125 g Butter * 75 g Zucker * 4 EL Mandarinensaft (aus den Dosen) * 150 g gehobelte Mandeln

Für den Rührteig:

250 g weiche Butter oder Margarine * 150 g Zucker * 1 Prise Salz * 1 Pck. Dr. Oetker Vanillin-Zucker * ½ Pck. Dr. Oetker Finesse Orangenschalen-Aroma * 3 Eier (Größe M) * 250 g Weizenmehl * 2 gestr. TL Dr. Oetker Backin * 75 ml Milch

Zubereitungszeit: 25 Minuten, ohne Abkühlzeit * Backzeit: etwa 25 Minuten

1. Für den Belag von den Mandarinen den Saft auffangen und 4 Esslöffel abmessen. Butter mit Zucker und dem abgemessenen Saft in einem Topf unter Rühren erhitzen. Mandeln unterrühren. Die Masse aufkochen lassen. Den Topf von der Kochstelle nehmen, die Mandelmasse etwas abkühlen lassen.

2. Den Backofen vorheizen. Ober-/Unterhitze: etwa 180 °C, Heißluft: etwa 160 °C.

3. Für den Teig Butter oder Margarine mit Handrührgerät mit Rührbesen auf höchster Stufe geschmeidig rühren. Nach und nach Zucker, Salz, Vanillin-Zucker und Orangenschalen-Aroma unterrühren. So lange rühren, bis eine gebundene Masse entstanden ist.

4. Eier nach und nach unterrühren (jedes Ei etwa ½ Minute). Mehl mit Backpulver mischen, abwechselnd in 2 Portionen mit der Milch kurz auf mittlerer Stufe unterrühren.

5. Den Teig auf ein Backblech (30 x 40 cm, gefettet) geben und glatt streichen. Die Mandarinen gleichmäßig auf dem Teig verteilen. Die Mandelmasse mit einem Esslöffel daraufgeben. Das Backblech in den vorgeheizten Backofen schieben. Den Kuchen **etwa 25 Minuten backen**.

6. Das Backblech auf einen Kuchenrost stellen. Den Kuchen erkalten lassen und in Stücke schneiden.

Tipps: Verändern Sie das Rezept und backen Sie einen Stachelbeerkuchen. Dann für den Belag 390 g abgetropfte Stachelbeeren (aus dem Glas) und anstelle der Mandeln gehobelte Haselnusskerne verwenden. Das Orangenschalen-Aroma für den Teig durch Finesse Geriebene Zitronenschale ersetzen und zusätzlich 50 g gemahlene Haselnusskerne unter den Teig rühren.

Pro Stück: E: 4 g, F: 21 g, Kh: 25 g, kJ: 1286, kcal: 307, BE: 2,0

OREO
OREO

Melonen-Kuchen mit Oreo®

Sommergenuss im Garten – fruchtig

Etwa 16 Stücke

Für den Teig:

etwa 350 g Oreo® Doppelkakaokekse, mit Chocolate Creme gefüllt * 120 g Butter

Für den Belag:

225 g abgetropfte Melonenkugeln (aus der Dose) * 6 Blatt weiße Gelatine * 250 ml (1/4 l) Fruchtsaft (aus der Dose, mit Apfelsaft oder Wasser aufgefüllt) * 75 g Zucker * 1 Pck. Dessert-Sauce Vanille-Geschmack, zum Kochen * 500 g Speisequark (20 % Fett) * 500 g Mascarpone

Zubereitungszeit: 50 Minuten, ohne Kühlzeit

1. Für den Teig die gefüllten Kekse vorsichtig mit einem Messer voneinander trennen. Die Chocolate Creme mit dem Messerrücken abschaben und in eine Schüssel geben. 16 schwarze Kekshälften beiseitelegen.

2. Die restlichen Kekse in einem Zerkleinerer zu sehr feinen Bröseln verarbeiten. Die Brösel zu der Chocolate Creme in die Schüssel geben. Butter in einem Topf zerlassen, zu der Brösel-Creme-Mischung geben und gut verrühren.

3. Einen Backrahmen in der Größe von 30 x 30 cm auf ein Backblech (leicht gefettet, mit Backpapier belegt) stellen. Die Bröselmasse auf das Backblech geben, mit einem Esslöffel zu einem Boden andrücken und kalt stellen.

4. Für den Belag von den Melonenkugeln den Saft auffangen. 15 Melonenkugeln beiseitelegen, restliche Kugeln halbieren.

5. Gelatine nach Packungsanleitung einweichen. Aus dem abgemessenen Fruchtsaft, Zucker und Saucenpulver einen Pudding nach Packungsanleitung zubereiten. Den Topf von der Kochstelle nehmen. Eingeweichte Gelatine leicht ausdrücken und unter Rühren in dem heißen Pudding auflösen. Den Pudding unter gelegentlichem Rühren etwa 15 Minuten abkühlen lassen.

6. Quark mit Mascarpone in einer Rührschüssel verrühren. Den Fruchtpudding unterrühren. Die Melonenkugelhälften auf dem Bröselboden verteilen. Die Mascarpone-Frucht-Creme daraufgeben und glatt streichen. Die beiseitegelegten, schwarzen Kekshälften und die Melonenkugeln dekorativ darauflegen. Den Kuchen 2–3 Stunden in den Kühlschrank stellen.

7. Den Backrahmen lösen und entfernen. Den Kuchen in Stücke schneiden.

Pro Stück: E: 7 g, F: 24 g, Kh: 27 g, kJ: 1473, kcal: 352, BE: 2,0

Tipp: Statt Melonenkugeln aus der Dose eine frische Melone, z. B. Cantaloupe verwenden. Dafür Melone halbieren. Aus dem Fruchtfleisch mit einem kleinen Kugelausstecher Kugeln ausstechen. Restliches Melonen-Fruchtfleisch mit 50 g Zucker und soviel Apfelsaft pürieren, dass 250 ml (1/4 l) Flüssigkeit entsteht. Die Flüssigkeit für den Pudding verwenden.

Tipp: Die Kokosraspel in einen tiefen Teller oder ein Glas geben. Einige Tropfen Speisefarbe darauf verteilen und mithilfe einer Gabel einarbeiten.

Ananas-Kokos-Kuchen

Das mögen Kinder

Etwa 18 Stücke

Für den Teig:

3 Eier (Größe M) * 120 g Zucker * 1 Pck. Dr. Oetker Vanillin-Zucker * abgeriebene Schale von ½ Bio-Limette (unbehandelt, ungewachst) * 1 EL Limettensaft (von der ½ Limette) * 200 g Weizenmehl * 2 gestr. TL Dr. Oetker Backin * 100 ml Speiseöl * 100 ml Limettenlimonade

Für die Füllung:

340 g abgetropfte Ananas-Dessert-Stücke (aus der Dose) * 7 Blatt weiße Gelatine * 400 ml Ananassaft (aus der Dose, mit Wasser aufgefüllt) * 1 Pck. Dr. Dr. Oetker Pudding-Pulver Vanille-Geschmack * 200 ml Kokosmilch * 30 g Zucker * 3 EL Ananassaft (aus der Dose) * 250 g Schlagsahne

Zum Bestreuen:

etwa 70 g Kokosraspel * evtl. einige Tropfen gelbe und grüne Speisefarbe

Zubereitungszeit: 40 Minuten, ohne Abkühlzeit * Backzeit: 15–20 Minuten

1. Den Backofen vorheizen. Ober-/Unterhitze: etwa 180 °C, Heißluft: etwa 160 °C.

2. Für den Teig Eier in einer Rührschüssel mit Handrührgerät mit Rührbesen auf höchster Stufe in 1 Minute schaumig schlagen. Zucker mit Vanillin-Zucker mischen, in 1 Minute einstreuen, dann noch etwa 2 Minuten schlagen. Limettenschale und -saft hinzufügen. Mehl mit Backpulver mischen, in 2 Portionen kurz auf mittlerer Stufe unterrühren. Nach und nach Speiseöl und Limonade unterrühren.

3. Den Teig auf ein Backblech (30 x 40 cm, mit Backpapier belegt) geben und glatt streichen. Das Backblech in den vorgeheizten Backofen schieben. Den Gebäckboden **15–20 Minuten backen**.

4. Das Backblech auf einen Kuchenrost stellen. Den Gebäckboden erkalten lassen.

5. Für die Füllung von den Ananasstücken den Saft auffangen. Ananasstücke etwas kleiner schneiden, dabei ebenfalls den Saft auffangen und insgesamt 400 ml und 3 Esslöffel Saft abmessen. Gelatine einweichen. 400 ml Ananassaft in einem Topf zum Kochen bringen. Pudding-Pulver mit Kokosmilch und Zucker anrühren. Angerührtes Pudding-Pulver in den von der Kochstelle genommenen Saft rühren und unter Rühren aufkochen lassen. Gelatine leicht ausdrücken und in dem heißen Pudding unter Rühren auflösen. 5 Esslöffel von der Puddingmasse abnehmen, mit 3 Esslöffeln Ananassaft verrühren und beiseitestellen (nicht kalt stellen).

6. Die klein geschnittenen Ananasstücke unter den restlichen Pudding heben und kalt stellen, zwischendurch umrühren. Sahne steif schlagen. Wenn die Ananasmasse anfängt zu gelieren, Sahne unterheben.

7. Den Gebäckboden senkrecht halbieren, sodass 2 Rechtecke (etwa 20 x 30 cm) entstehen. Mitgebackenes Backpapier entfernen. Eine Gebäckhälfte auf eine Tortenplatte legen. Die Ananas-Sahne-Creme daraufgeben und glatt streichen. Die zweite Gebäckhälfte darauflegen. Den Kuchen etwa 2 Stunden in den Kühlschrank stellen.

8. Die Kuchenoberfläche und die -seiten dünn mit der beiseitegestellten Puddingmasse bestreichen. Den Kuchen in 18 Stücke schneiden.

9. Zum Bestreuen die Kokosraspel nach Belieben mit Speisefarbe einfärben und die Ananas-Kokos-Stücke mit den Kokosraspeln bestreuen.

Pro Stück: E: 4 g, F: 16 g, Kh: 25 g, kJ: 1099, kcal: 263, BE: 2,0

Apfel-Bienenstich

Das Rezept zu unserem Titelfoto

Etwa 20 Stücke
Zum Vorbereiten:
1 kg säuerliche Äpfel, z. B. Elstar, Cox Orange * 2 EL Zitronensaft
Für den Teig:
250 g Butter oder Margarine * 250 g Zucker * 1 Pck. Dr. Oetker Bourbon-Vanille-Zucker * 1 Prise Salz * 1 Pck. Dr. Oetker Finesse Geriebene Zitronenschale * 5 Eier (Größe M) * 400 g Weizenmehl * 3 gestr. TL Dr. Oetker Backin
Für den Bienenstichbelag:
50 g Butter * 150 g Zucker * 50 g Schlagsahne * 4 EL flüssiger Honig * 200 g gehobelte Mandeln
Zum Bestäuben:
etwas Puderzucker

Zubereitungszeit: 30 Minuten * Backzeit: etwa 25 Minuten

1. Zum Vorbereiten Äpfel schälen, vierteln, das Kerngehäuse entfernen und in Stücke schneiden. Apfelstücke mit Zitronensaft beträufeln und zugedeckt beiseitestellen.

2. Den Backofen vorheizen. Ober-/Unterhitze: etwa 180 °C, Heißluft: etwa 160 °C.

3. Für den Teig Butter oder Margarine mit Handrührgerät mit Rührbesen auf höchster Stufe geschmeidig rühren. Nach und nach Zucker, Vanille-Zucker, Salz und Zitronenschale unterrühren.

4. Eier nach und nach unterrühren (jedes Ei etwa ½ Minute). Mehl mit Backpulver mischen und in zwei Portionen auf mittlerer Stufe kurz unterrühren.

5. Den Teig auf ein Backblech (gefettet, mit Backpapier belegt) geben und verstreichen.

6. Für den Bienenstichbelag Butter, Zucker, Sahne und Honig in einem Topf unter ständigem Rühren zum Kochen bringen. Bei schwacher Hitze etwa 5 Minuten kochen lassen.

7. Die Mandeln hinzugeben und vorsichtig unterrühren. Masse kurz abkühlen lassen.

8. Zunächst die Apfelstücke, dann die Bienenstichmasse gleichmäßig auf dem Teig verteilen.

9. Das Backblech in den vorgeheizten Backofen schieben. Den Kuchen **etwa 25 Minuten backen**.

10. Den Apfel-Bienenstich auf einen Kuchenrost stellen und abkühlen lassen. Den Kuchen vor dem Servieren mit Puderzucker bestäuben.

Tipp: Der Kuchen schmeckt sehr gut lauwarm mit sahnigem Vanilleeis.

Pro Stück: E: 6 g, F: 20 g, Kh: 45 g, kJ: 1618, kcal: 387, BE: 3,5

Hinweise zu den Rezepten

Ein frisch gebackener Blechkuchen ist allseits beliebt, und ein Kuchen vom Blech reicht für eine große Familie, Freunde, Kaffeegesellschaft oder ein Kuchenbuffet.

Backblech:
Zur Grundausstattung eines Herdes gehört in der Regel (in den meisten Fällen) ein Backblech. Dabei handelt es sich um Emaille-, Schwarz- oder Aluminiumbleche.
Emaillebleche und Schwarzbleche sind für Ober-/Unterhitze und Heißluft geeignet. Bitte die Gebrauchsanleitung vom Hersteller beachten.

Backblechgrößen:
Die hier angegebenen Rezepte sind auf Backblechen von der Größe 30 x 40 cm gebacken worden. Jedoch ist es nicht so wichtig, wenn die Backblechgrößen etwas abweichen.
So können alle Rezepte auch auf Backblechen, die 1–2 cm breiter oder schmaler sind, gebacken werden. Allerdings sollten tiefe Backbleche mit einer eingedrückten Fettmulde keine Verwendung finden. Wer kein tiefes Backblech hat, kann einen Backrahmen auf ein flaches Blech stellen.
Das Backblech, leicht gefettet, kann zusätzlich mit Backpapier belegt werden. Dann sollte bei weichen Teigen das Backpapier an den Außenseiten hochgezogen und an den Ecken verdreht werden, so dass das Auslaufen von Teig verhindert wird.

Perfekte Schnitte:
Den Backrahmen mit einem Messer lösen.
Für weiche, cremige Blechkuchen sollte unbedingt ein Elektromesser verwendet werden. Damit die Schnitten sauber werden, das Messer nach jedem Schnitt in heißes Wasser tauchen. Bei festeren Kuchen kann ein großes Messer verwendet werden.
Ist feste Schokolade zu schneiden, sollte das Messer angewärmt werden. Dafür das Messer kurz unter heißes Wasser halten, abtrocknen und erst dann die Schokolade schneiden.

Streuselteige
Bei der Zubereitung von Streuselteigen eignet sich am besten eine Schüssel mit Spritzschutz – oder Sie legen etwas Küchenpapier über die Schüssel.

Die richtige Temperatur für Rührteige:
Für Rührteige mit hohem Butteranteil sollten die Zutaten zimmerwarm sein.
Bevor Butter aufgeschlagen wird, sollte sie mit der Schüssel kurz in warmes Wasser gestellt und angeschmolzen werden. Die Eier niemals kalt hinzufügen. Sie können ebenfalls kurz in warmes Wasser gelegt und so auf die richtige Temperatur gebracht werden.

Vermischen von empfindlichen Teigmassen:
In einigen Rezepten werden unterschiedliche Zutaten mit Eischaum vermischt. Das geht am besten mit einem Teigschaber. Oder wie es die Profis machen: Die unterschiedlichen Massen ganz vorsichtig mit der Teigkarte vermischen.

Übrig gebliebene Kuchen:
Alle Blechkuchen (ohne frische Früchte) sind ungeschnitten 1–2 Tage haltbar. Daher eignen sie sich besonders gut zum Vorbereiten. Übrig gebliebene, geschnittene Kuchenstücke können dicht zusammengeschoben und kalt gestellt werden. Allerdings sind Cremes und Glasuren empfindlich gegenüber Fremdgerüchen im Kühlschrank. Daher die Kuchenstücke mit Frischhaltefolie zudecken oder das ganze Backblech in eine Plastiktüte schieben und diese verschließen.

Allgemeine Hinweise zu den Rezepten
Lesen Sie bitte vor der Zubereitung – besser noch vor dem Einkauf – das Rezept einmal vollständig durch. Oft werden Arbeitsabläufe oder -zusammenhänge dann klarer. Wenn Eier in einem Rezept nicht mitgebacken werden, nur ganz frische Eier verwenden, die nicht älter als 5 Tage sind (Legedatum beachten).

Zutatenliste
Die Zutaten sind in der Reihenfolge ihrer Verarbeitung aufgeführt.

Arbeitsschritte
Die Arbeitsschritte sind einzeln hervorgehoben, in der Reihenfolge, in der sie von uns ausprobiert wurden.

Backofeneinstellung
Die in den Rezepten angegebenen Backtemperaturen und -zeiten sind Richtwerte, die je nach individueller Hitzeleistung Ihres Backofens über- oder unterschritten werden können. Bitte beachten Sie deshalb bei der Einstellung des Backofens die Gebrauchsanleitung des Herstellers. Machen Sie nach Beendigung der angegebenen Backzeit eine Garprobe.
Die Temperaturangaben in diesem Buch beziehen sich auf Elektrobacköfen. Die Temperatureinstellungsmöglichkeiten für Gasbacköfen variieren je nach Hersteller, sodass wir keine allgemeingültigen Angaben machen können.

Zubereitungszeiten
Die Zubereitungszeit beinhaltet nur die Zeit für die eigentliche Zubereitung. Die Backzeiten sind gesondert ausgewiesen. Längere Wartezeiten wie z. B. Kühlzeiten sind nicht mit einbezogen.

Allgemeine Hinweise und Abkürzungen
Bei den Nährwertangaben in den Rezepten handelt es sich um auf- bzw. abgerundete ganze Werte.
Lediglich die Broteinheiten werden mit einer Stelle nach dem Komma angegeben. Aufgrund von ständigen Rohstoffschwankungen und/oder Rezepturveränderungen bei Lebensmitteln, kann es zu Abweichungen kommen. Die Nährwertangaben dienen daher lediglich Ihrer Orientierung und eignen sich nur bedingt für die Berechnung eines Diätplans, zum Beispiel bei Krankheiten wie Diabetes. Bei krankheitsbedingten Diäten richten Sie sich daher bitte nach den Anweisungen Ihres Diätassistenten bzw. Ihres Arztes.

Abkürzungen

EL =	Esslöffel
TL =	Teelöffel
Msp. =	Messerspitze
Pck. =	Packung/Päckchen
g =	Gramm
kg =	Kilogramm
ml =	Milliliter
l =	Liter
evtl. =	eventuell
geh. =	gehäuft
gem. =	gemahlen
ger. =	gerieben
gestr. =	gestrichen
TK =	Tiefkühlprodukt
°C =	Grad Celsius
Ø =	Durchmesser

Kalorien-/Nährwertangaben

E =	Eiweiß
F =	Fett
Kh =	Kohlenhydrate
kJ =	Kilojoule
kcal =	Kilokalorien
BE=	Broteinheiten

Kapitelregister

Alphabetisches Register

Impressum

Für Fragen, Vorschläge oder Anregungen stehen Ihnen der Verbraucherservice der Dr. Oetker Versuchsküche Telefon: 0 08 00 71 72 73 74 Mo.–Fr. 8:00 – 18:00 Uhr, Sa. 9:00 – 15:00 Uhr (gebührenfrei in Deutschland) oder die Mitarbeiter des Dr. Oetker Verlages Telefon: +49 (0) 521 5206 42 Mo.–Fr. 9:00–15:00 Uhr zur Verfügung.
Schreiben Sie uns: Dr. Oetker Verlag KG, Am Bach 11, 33602 Bielefeld oder besuchen Sie uns im Internet unter www.oetker-verlag.de oder www.oetker.de.

Umwelthinweis
Dieses Buch und der Einband wurden auf chlorfrei gebleichtem Papier gedruckt. Die Einschrumpffolie – zum Schutz vor Verschmutzung – ist aus umweltfreundlichem und recyclingfähigem PE-Material.

Redaktion
Carola Reich, Annette Riesenberg

Titelfoto
Thomas Diercks, Hamburg

Innenfotos
Walter Cimbal, Hamburg (S. 20, 52, 66, 76, 88, 92, 98, 112)
Fotostudio Diercks, Christiane Krüger, Hamburg (S. 4, 6/7, 8, 10, 12, 14, 16, 18, 22, 24, 26, 28, 30, 32, 34, 36, 38/39, 40, 42, 44, 46, 48, 50, 54, 56, 58, 60, 62, 64, 68, 70/71, 72, 74, 78, 80, 82, 84, 86, 90, 94, 98, 100/101, 102, 104, 106, 108, 110, 114, 116, 118, 120, 122)

Foodstyling
Eike Upmeier-Lorenz, Hamburg

Rezeptentwicklung und -beratung
Eike Upmeier-Lorenz, Hamburg

Wir danken für die freundliche Unterstützung
Bahlsen, Hannover
Kraft Foods Group, Bremen

Nährwertberechnungen
Nutri Service, Hennef

Grafisches Konzept
fuchs-design, Sabine Fuchs, München

Titelgestaltung
kontur:design, Bielefeld

Satz
Final Art, Manfred Karg, München

Reproduktionen
Otterbach Medien KG GmbH und Co., Rastatt

Druck und Bindung
Druckerei Stürtz, Würzburg

ISBN 978-3-7670-0684-3